U0361823

觉知的父母

榜样少年的"163"成长模型

张益铭◎著

机械工业出版社
CHINA MACHINE PRESS

每个孩子的未来都可以是精彩绝伦的。在孩子的成长过程中，我们要尊重他们的个性，不但要培养他们良好的思维和习惯，更要不断放大他们的特质与优势。这样成长起来的孩子，才是懂得包容、懂得协同、懂得合作以及坚韧、自信的孩子。

本书以"胜者163教育模型"为基础，以青少年成长过程中的关键点为主线，深刻剖析了父母在教育孩子的过程中存在的误区和错误做法，全面阐释了父母培养优秀青少年的思路与方法。"胜者163教育模型"即：发现并尊重孩子的天赋；培养孩子的六个特质，分别是具有强大的意志力、具有学识与眼界、具有自我驱动力、具有解决问题的思维与能力、具有感恩的心、具有社会责任感；培养孩子的三个思维，分别是艺术思维、建筑思维、辩证思维。

通过本书的学习，父母在教育孩子时便会有章可循，从而让孩子在健康成长的同时更好地发挥自身的天赋和潜力。

图书在版编目（CIP）数据

觉知的父母：榜样少年的"163"成长模型 / 张益铭著. —北京：机械工业出版社，2022.8（2024.5重印）

ISBN 978-7-111-71406-4

Ⅰ.①觉… Ⅱ.①张… Ⅲ.①青少年教育－家庭教育 Ⅳ.①G782

中国版本图书馆CIP数据核字（2022）第149890号

机械工业出版社（北京市百万庄大街22号　邮政编码100037）
策划编辑：解文涛　　责任编辑：解文涛
责任校对：肖　琳　李　婷　责任印制：李　昂
北京联兴盛业印刷股份有限公司印刷
2024年5月第1版第8次印刷
145mm×210mm・10.375印张・3插页・205千字
标准书号：ISBN 978-7-111-71406-4
定价：69.80元

电话服务　　　　　　　　　　网络服务
客服电话：010-88361066　　机 工 官 网：www.cmpbook.com
　　　　　010-88379833　　机 工 官 博：weibo.com/cmp1952
　　　　　010-68326294　　金 书 网：www.golden-book.com
封底无防伪标均为盗版　　机工教育服务网：www.cmpedu.com

教育孩子的过程才是真正的自我修行，

孩子才是我们的贵人！

———————————

献给所有我爱的孩子们

给父母的忠言

※ 再伟大的成就也弥补不了教育孩子的缺失！父母一生中最重要的事业就是成就自己的孩子。如果我们把"父母"看作一种职业，那么这个职业也是需要"证"的。父母教育孩子也需要"证"。

※ 教育最可怕的现状：没有"以终为始"地教育孩子，培养孩子的目的不仅是让他考一所好大学，更要使其成为拥有健全的人格和心智的人，使其拥有支撑未来美好生活的能力。

※ 读书不是孩子非做不可的事，而是要成为孩子想做的事。读书不是为了考试，而是为了成为更好的人。

※ 培养孩子健全的人格和心智，让孩子立大志、明大德、成大才、担大任，才是父母的首要责任。

※ 最好的教育是孩子的自我教育，只有激励孩子进行自我教育才是真正的教育。

※ 每个孩子都是带着本自具足的光芒与爱来到人间的。作为父母，

我们要做的不是安排和摧残，而是如开发宝藏一般，去发掘孩子这些如钻石一般的品质。我们要让孩子明白，生活不只是眼前的苟且，还有诗和远方。

※ 有什么样的家庭环境就有什么样的家庭教育，当然家庭教育之源是父母教育。

※ 智慧父母和父母是有区别的：智慧父母不但生育孩子，还通过自我成长与修炼，使孩子拥有智慧，使孩子成才；父母只是基于血缘关系上的称呼，所以说智慧父母跟父母是不完全一样的。教育孩子的时候我们有双重身份。没有人天生就会教育孩子，我们要通过系统的学习，去探索如何当智慧父母。在学习的时候，我们就是学生；在我们告诉孩子应该怎么做的时候，我们就是老师。

※ 在教育孩子的过程中我发现，最好的、最重要的教育就是自我教育。自我教育就是在一定的遗传基础上，在环境和他人的教育影响之下，让自己真正认识自己并对未来有合理规划。自我教育一旦形成，孩子就会自我要求并产生自发的动能，从而最终获得自己想要的自在人生。

※ 如果孩子是被动成长，比如在鞭子的抽打下学习钢琴，在分数、

名次的压力下去死记硬背，那么他在成长过程中就不是在肯定自己而是在否定自己，就不会感到幸福而会感到不幸。他不是在自由地发挥自己的体力和智力，而是在使自己的肉体受折磨，精神遭摧残。只有主动成长，才能真正成长，而主动成长必然建立在自我教育的基础之上。

※ 如果我们真正爱孩子，那么请保护好孩子的感知力和自尊心，激发孩子自我教育的动力，让孩子主动成长并认识这个世界。

※ 父母是孩子的垫脚石，而不是拖油瓶。

※ 真正影响人成长的因素是内在的见识、正确的人生态度和成熟的心智，而生活条件不过是一种环境干扰。孩子最好的私教是父母的言传身教。

※ 一个人的成功往往建立在无数的失败之上。如果一个人不懂得如何面对失败，那么他永远都不会取得成功。现在输不起的孩子，长大了也赢不起。

※ 从事青少年教育多年后的今天，我发现孩子才是真正的强者，他们有自己独有的生命密码，他们有一颗纯洁无瑕、善良的心，他们

正在过着我们终身拼命追求的自在人生。他们让我真正认识到自己的不足，让我体悟到生命的精彩。孩子是我真正的老师。

※ 智慧父母会接受孩子本来的样子，并给予他们足够的信任、鼓励和赏识，用自己的善良与温和去了解他们、理解他们，并支持他们做自己。

※ 孩子与我们一样渴望得到赏识与夸奖，如果连我们——他们最亲的人都不欣赏他们，那么他们就会对这个世界失去信心，孩子的未来是从父母发现其优点并放大开始的。

※ 不管你多么富有才干，不管你多么努力工作，如果"思维方式"错了，那么成绩就是一个负数，人生绝不会幸福。如果一个人每天都在为自己的失败找理由、发牢骚，嫉妒别人，愤世嫉俗，没有一颗利他之心，那么他的能力越强，努力越多，对社会的危害就越大。

※ 人的起心动念决定着一个人的思维，心出了问题，思维一定会出问题。心是因，是人生结果的源头。种下一个对的因，就会出现一个对的果。

※ 如果今天你的孩子的果不好，不要抱怨，一定是他在过去成长的因上出了问题，或父母没有重视，或没有用对方法，或没找到对的人教。父母要给孩子从小种下成长的因，让孩子持续成长，否则孩子未来一定会承受痛苦。

父母靠什么唤醒孩子

我走近胜者教育，走近张益铭老师，并对他产生浓厚的兴趣，都源于"唤醒"二字。

记得那年，胜者教育组织了一场家庭教育论坛，张益铭老师邀请我去分享我的教育心得。走进会场时，我看见主席台两侧打出了巨大的"唤醒"二字，在听到张益铭老师分享"教育的本质是唤醒"时，我立刻产生了强烈的共鸣。

教育的本质是"唤醒"。

这个秘密是苏格拉底在两千多年前提出的。

公元前 600 年到公元前 300 年的 300 年间，在世界各地出现了一大批人类的精神先导。这些伟大人物包括中国的老子、孔子，印度的释迦牟尼，古希腊的苏格拉底、柏拉图、亚里士多德等人。与孔子同时代的西方哲人是苏格拉底，他被中国人称为"西方的孔子"，他的思想对西方乃至全世界的影响持续至今。

苏格拉底的母亲是位助产妇，她的工作就是帮助产妇把孩子顺利生下来。从母亲接生的工作中，苏格拉底受到了启发。

从表面上看，在助产妇的帮助下，每个母亲都多了一个孩子，但其实，这个孩子本来就在母亲的体内，是母亲原来就有的，助产妇只不过是把"藏于"母亲腹中的孩子接生出来，成为人人看得见的婴儿。苏格拉底认为，其实教师和助产妇是一样的，并不是要教给别人什么真理，而只是挖掘和唤醒每个人灵魂深处原本就有的寻求真理的意识。苏格拉底有一句名言叫作"认识你自己"，意思正是让人不断地追问自己要做什么样的人，应该度过怎样的人生。

苏格拉底很喜欢与人对话、辩论，有时间他就上街找年轻人谈话，他认为这样做是唤醒别人最好的方法。他特别善于提问题，与他谈话的人通常会顺着他的思路进行思考，有了新的结论后，他再问下一个问题，直到引导对方经过自己的思考得出最后的结论。他就这样唤醒了对方心中沉睡的巨龙，所以许多年轻人都愿意和苏格拉底谈话。

苹果公司创始人乔布斯曾说："我愿意用我所有的科技去换取和苏格拉底相处的一个下午。"和孔子一样，苏格拉底培养了很多优秀的学生：著名的哲学家、思想家柏拉图就是他的学生，而亚里士多德是柏拉图的学生，他们三个人成为"古希腊三贤"，被称为人类历史上伟大的精神导师。

什么是教育？

孔子和苏格拉底的教育理念告诉我们一个真理：教育是一个灵魂对另一个灵魂的唤醒。正如张益铭老师在书中引用的爱尔兰诗人叶芝的名言："教育不是注满一桶水，而是点燃一把火。"但真正理解教育的本质是"唤醒"，真正点燃孩子心中的火把，并非易事。

我思考这个问题，最初源于和农村孩子的一次谈话。

有一次，我走进山东临沂费县一所农村留守儿童学校。我拿了一个生鸡蛋，问全校300多名同学："谁能告诉我,怎样把鸡蛋打碎？"

"捏碎""磕碎""摔碎""用斧头敲碎"……孩子们七嘴八舌。

我又问："大家说的办法都可以把鸡蛋打破，不过都是从外面打破的，有没有从里面打破的方法呢？"

"小鸡从里面自己啄碎。"有个女孩小声说。我让孩子们给她鼓掌。

"大家说了两种把蛋壳打碎的方法，一种是从外面，一种是从里面。这两种方法的差异有多大呢？从外面打碎蛋壳，无论怎样，鸡蛋只有一个结果——变成食品；只有从里面把蛋壳打碎，鸡蛋才能变成生命！"孩子们为我的话鼓掌。

"如果你是这个蛋，你愿意从外面打碎，还是从里面打破？"我继续问孩子们。

"里面！"孩子们的声音震耳欲聋。

孩子们的回答让我深受触动。

是呀！成长是一个蜕变的过程，无论什么样的孩子，都希望自己能够从里面破壳而出，而不希望从外面被打碎。外界给的是压力，里面产生的才是"我要出来、我要成长、我要飞翔"的动力。

作为父母，我们需要思考：我们每天对孩子进行苦口婆心的教育，给孩子带来的更多的是什么？是压力。很多父母希望能够"一巴掌"把孩子打进北大、清华。可是他们不知道，孩子内心承受了多大的压力，而这些压力又给孩子的心灵埋下了多少深深的隐患。

一个孩子想要飞得高，内驱力非常重要。如果不能把他内在的动力调动起来，即便再有才华，再有财富，他也没有办法成就理想的人生。

那么，怎样才能让孩子内在的动力得到发展呢？

我曾给父母们讲过一个小故事。有把锁头非常结实。一把斧头过来说："我能把它敲开。"斧头费了半天劲，锁头纹丝不动。一把小钥匙过来说："看我的。"它插进钥匙孔，轻轻一拧，锁就开了。斧头很不理解："我浑身是力气都打不开，你这么小怎么就打开了？"钥匙轻轻地说："因为我懂它的心。"

懂心，不用费力锁头就被打开了；不懂心，白费力。

每个孩子都有一个不同的心锁，需要不同的钥匙才能打开。这验证了印度作家泰戈尔的名言："用铁锤无法开启的锁，唯有吻合那把锁的钥匙才能开启。"

父母唤醒孩子究竟靠哪把钥匙？许多父母一直在苦苦寻找答案。

张益铭老师的新书《觉知的父母》让我眼前一亮，如获至宝，答案找到了！

张益铭老师善于学习，勤于思考，勇于实践。他十分爱阅读，从中外名家的著作中寻找着答案。他在书中恰如其分地引用了许多名家的教育思想。

他真心爱孩子，帮助过 30000 多名青少年活着成了他们喜欢的样子。从榜样少年成长的实践中，他寻找着答案。

他真诚对待家长，他思想深邃，语言犀利，毫不留情地帮助家长分析自身教育中出现的问题,他从无数父母教子的困惑中寻找着答案。

今天，他把他的思考、他的实践，凝聚成这本厚重的书《觉知的父母》，来揭开父母"唤醒"孩子的通道。这本书值得每位父母阅读。

父母唤醒孩子靠什么？从张老师的书中我总结出五种力量。

一、身教的力量：不靠说教，靠身教

身教重于言教，这是古今中外教育家公认的道理。孔子说："其身正，不令而行；其身不正，虽令不从。"我们都明白，领导者本身正直，即使不下命令，也能正常行政；若自己行为不端，纵然三令五申，部属也不会听从。我国近代教育家叶圣陶说："身教最为贵，知行不可分。"法国著名教育家卢梭明确提出："世界上有三种教育方法会给孩子带来不良的影响：跟孩子讲道理、发脾气、刻意感动。"

孩子是看着父母的脊背长大的，行重于言。对此，张益铭老师十分认可，他认为教育不是一个讲道理的过程，而是用爱和心去感受和沟通，并让孩子做出改变的一种全流程的体验。他从大量的实践中发现了一个规律：大多数惯于说教的父母与孩子的关系都不和

谐，父母频繁说教，孩子不喜欢被控制、被束缚，便开始反抗，久而久之双方的关系就变得非常紧张，大有一触即发之势。如果父母懂得把握说教的节奏，把各种道理传递保持在孩子可以接受的范围内，便不会引起孩子情绪的不适，更不会激发孩子反抗的意志。正如苏联教育家苏霍姆林斯基所说："任何一种教育现象，孩子在其中越少感受到教育者的意图，教育效果就越大。"我也一直倡导：真正的家教，是孩子离开父母后，对父母的话还能记得住、忘不了、用得上。成长中的孩子是有样学样的。张益铭老师说得好："孩子优秀与否很大程度上取决于父母的言传身教，与其要求孩子出人头地，不如先要求自己做好表率。父母不为，孩子则无所可为。父母以身作则，孩子则积极效仿。"

二、发现的力量：不靠攀比，靠发现

"你瞧人家！"这是当今"鸡娃"父母最爱说的一句话。为了激发孩子的斗志，他们经常拿自己的孩子跟别人的孩子做比较，可是比来比去，却比没了孩子的自信。说这话的父母，总觉得别人家的孩子是金子，自己家的孩子是沙子，别人家的孩子是天才，自己家的孩子是蠢材，老是瞧不起自己的孩子。张益铭老师尖锐地指出："'鸡娃'现象出现的原因是，大部分父母把自己人生的遗憾寄托在孩子身上。"自己没得到的，想要从孩子身上捞回来，结果却害了孩子。

孩子的基因来自于父母，和别人家的孩子没关系。如果父母足够优秀的话，那么为什么不相信自己的孩子呢？对自身充满信心的父母不会无条件地以别人为标杆，不会照搬别人对孩子的培养方式，而是会去发现自己孩子有什么样的才能和潜质，发现自己孩子擅长的方向，帮助孩子正确地认识自己。

每个孩子都拥有独一无二的天赋，蕴藏着可以开启灿烂未来的人生密码。张益铭老师说："我的目标，正是帮助每个孩子定位自身天赋，令其明白一生可以成就怎样的精彩。"正是由于张益铭老师有大格局、大胸怀，才成就了一个又一个孩子！当张益铭老师对那个精神颓废的少年说"孩子，你是个天才"时，孩子瞬间哭了。读到这个故事的时候我也流泪了，我忽然感受到"发现"的巨大力量，就像一个在黑暗中迷失方向的孩子，突然被找他的人发现了，他便看到了生的希望！所以我劝天下的父母，不要打着灯笼去看别人家的孩子，而要睁大眼睛去发现自己孩子的优势。当你发现了他，他便发现了自己。父母的眼光就是孩子未来的路呀！正如大教育家陶行知所言："当心你的教鞭下有瓦特，你的冷眼中有牛顿，你的讥笑中有爱迪生。"

"发现"正是"唤醒"的开始。

三、会输的力量：不靠会赢，靠会输

"会输才会赢！"这是我在中央电视台《非常6+1》小不点大能耐的会场上，作为"帮帮团"的成员，对一位"神鞭少侠"的评价。

这位来自山东梁山的 9 岁少年王成哲，4 岁起便和爸爸学习用长鞭抽打细物。他要把精神聚焦于击打的一个点，才能打中目标。比如，放在主持人手中的芹菜、黄瓜，放在高脚杯上的铃铛，放在酒瓶上的乒乓球，放在高脚杯上的跳棋子，那指哪儿打哪儿的神鞭绝技，看得人惊心动魄。在最后的大能耐展示的时候，他要表演鞭抽纸牌，就是把一张扑克牌放在两个酒瓶中间，把纸牌抽出来，同时酒瓶不倒。前三次他都没有抽中，只见他神情淡定，一鞭一鞭地抽，最后终于成功了！我对于他那种面对"输"表现出的沉稳淡定，给予了高度的评价。

教会孩子输得起，比教会孩子如何赢更重要。在人的一生中，失败比成功多得多。失败并不可怕，真正可怕的是孩子输不起，不敢直面失败。正如张益铭老师在书中引用的著名教育家李希贵的话：教会孩子从"追求赢"到"学会输"，决定孩子一生的命运。

成长本身就是不断输、不断赢的过程。"神鞭少侠"的父亲告诉孩子，走上舞台，不想输，不想赢，只想目标，才能全神贯注不分心，胜不骄、败不馁的心态都是训练出来的。一位 17 岁的学霸女孩，每次考试都是第一名。在一次期末考试中，她仅比第一名少了 0.5 分，就从五楼跳下，摔成重伤。当她被救起时，有人问她为什么要跳楼，她哭着说："我爸爸说了，只有第一，没有第二，考不到第一就别回家！"于是她选择了自杀。她的爸爸悲痛欲绝，哭着说："本来想激励女儿考上名牌大学，没想到却害了她！"这个女孩的精神世界完全被父亲的虚荣心控制了。

当父母强调成长不能输的时候，就已经摧毁了孩子的一生。张益铭老师尖锐地指出，当父母因为自己"想赢"而教育孩子"不能输"时，父母自私的心态便表现得一览无余。而当父母允许孩子失败，并鼓励孩子战胜失败时，孩子才可以学会如何赢得未来。父母想让孩子成功，其实是不敢面对孩子的失败；父母想要孩子成才，其实是不敢面对孩子平庸的人生。张益铭老师建议："在输得起的年龄，允许孩子走一段弯路，孩子未来的路才更加平坦；在不怕痛的年纪让孩子面对一些荆棘，孩子才能学会一往无前，这是父母应有的作为与态度。"孩子能否成功很大程度上取决于他们在成长中是否学会了面对挫折与失败，父母是否教会了他们"输得起现在，才能赢得未来。"这需要父母拥有"太好了"的心情，改变心情才能改变世界。

四、肯定的力量：不靠否定，靠肯定

每个人都是从童年走过来的，如果你能平心静气地想一想，就会发现：对一个孩子来说，内心深处最大的渴望是得到父母的认可。孩子童年的幸福并不是来自丰富的物质，而是来自父母的满意。一句肯定的话，能改变一个孩子的命运；一句否定的话，不仅会在孩子的心灵深处留下阴影，甚至会毁掉孩子的一生。我很幸运，从小就在家人积极的心理暗示和鼓励中长大，所以拥有一个幸福、快乐的童年。我从小自主精神强，正因为父母能够尊重我的选择，让我在成功的体验中，真正感受到了"我能行"，我才实现了我 11 岁的梦想：长大到中国少年报社当记者、当"知心姐姐"。大量实践证明，孩子从小接受什么样的暗示，他们就会成为什么样的人。孩子接受了鼓励，便学会了自信；孩子接受了肯定，便学会了自重；孩子接受了赞美，便学会了欣赏；孩子接受了认同，便有了明确的目标。

唤醒孩子心灵的巨龙，为什么要靠肯定的力量？

在马斯洛的需求层次理论中，五大需求中最高的需求是自我实现的需求。十几年来，勤奋的张益铭老师一直在研究：孩子的天赋是怎么被发现并唤醒的？在研究中，他有一个重要的发现："如果父母习惯用挑剔的眼光看待孩子，那么孩子将一无是处，未来也毫无作为；如果父母用认可的眼光看孩子，那么孩子将自信满满，未来将不可限量。"张益铭老师说："希望更多的父母学会用赏识的眼光观察孩子，在孩子平凡的作为中发现孩子的天赋，并进行强化。相信通过这种方式孩子可以变得自信、主动，进而成就自我，成就人生。"这些话都说到了我的心里。

我记得有一位领导才华横溢，但是个头不高，长相平平。一位记者和他调侃："领导，您的才华我很佩服，但是您的长相我可不敢恭维！"这位领导坦然地说："我妈妈不这么认为！"他极具智慧的回答引起一片欣赏的笑声。这话说得多硬气，多有说服力！有了妈妈的欣赏，孩子对自己就有了底气。张益铭老师在书的最后一部分也讲到一位天生面部畸形的男孩奥吉，他对上学充满恐惧。妈妈对他说："你不丑，奥吉！"奥吉回答："因为你是我的妈妈，所以你才这么说。"而母亲又回答道："正因为我是你的妈妈，所以你更要相信我的看法，因为全世界只有我最了解你。"就这样，奥吉鼓起勇气走出家门，走进学校。

诺贝尔和平奖获得者、南非第一任黑人总统曼德拉说过："生命的意义不仅是活着，而是我们给别人的生活带来了何种不同。这决定了我们人生的意义。"这句话对父母来说尤为重要，家庭教育归根结底是父母和孩子之间的互相影响，父母的一言一行都可能直接给孩子的生命带来不同，父母的生命价值、人生意义都在于此。

五、责任的力量：不靠功名，靠责任

父母究竟为什么要把孩子唤醒？孩子来到这个世上是要干什么？

如果说，我们把孩子养大，就是为了让他拥有功名，为自己脸上增光；为了让他拥有财富，让他享受荣华富贵；为了让他超过别人，成为人上人。那么，我们一定会将孩子推进爱的泥塘，亲手把我们所谓的爱，变成对孩子的伤害。

当前已经有五种爱形成了对孩子的伤害。第一种：溺爱。孩子要什么给什么。溺爱让孩子变得无情。第二种：替爱。什么都替孩子干，只要你考高分就行。替爱让孩子变得无能。第三种：骂爱。打是疼，骂是爱。骂爱让孩子变得自卑。第四种：霸爱。你是我生的，

一切要听我的！霸爱让孩子变得卑贱。第五种：乞爱。让孩子在乞讨中长大。乞爱让孩子失去尊严。

有两个字大家都认识：一个是仙人的"仙"，人字旁加上一个大山的山；一个是俗人的"俗"，人字旁加上一个山谷的谷。站在山顶的人是仙人，他站得高，看得远，有大格局，将茫茫天地尽收眼中；站在谷底的人是俗人，他站得低，看得近，格局小，被困于方寸之地。眼光决定未来，正如墨子所言："志不强者智不达。"一个人没有远大的志向，就只能是井底之蛙，就不会有大的作为。

父母唤醒孩子，正是要让孩子成为"有理想、有本领、有担当"的人，担当起复兴中华民族的伟大责任。张益铭老师在这本书的最后特别提出"社会责任感是卓越人士的人生底色"，这一点极其重要。他认为具有社会责任感的人往往具备三种特质：①具有正确的道德主张，不被世俗观念侵染；②具有正义的情怀，并且在生活中不断践行正义；③愿为他人和社会奉献和牺牲。我认为这三点讲得很到位。

在中国共产党成立100周年的大会上，当青少年的代表们举手宣誓"请党放心，强国有我"时，为人父母的我们为什么会热泪盈眶？因为我们看到了下一代的责任担当，看到了我们中华民族更加美好的明天！为了民族的未来、为了世界的未来，我们要勇敢地担当起父母的责任，让自己觉醒，唤醒孩子，真正把孩子培养成国家的财富。到那时，虽然我们已经两鬓斑白、步入老年，但是我们的孩子已经成长为国家的栋梁，为民族、为世界做出了他们应有的贡献。那时，我们便可以自豪地说："昨天我们为祖国而感到骄傲，今天祖国为我们而感到自豪！"

感谢拥有家国情怀的张益铭老师写出了这本闪烁着真理的光芒、教育的智慧的好书，值得我们好好精读细哨。

卢勤

中国少年儿童新闻出版总社首席教育专家、原总编辑，知心姐姐

中国家庭教育学会家庭教育专业委员会副理事长

中国关心下一代专家委员会委员

2022 年 6 月

父母的修行

刚收到张益铭的《觉知的父母》时我忍不住翻看了几页，这本书给我的最初印象是非常有趣。虽然不是小说，但这本书在内容上非常吸引人，从前几页中便可看出张益铭对当代青少年教育剖析得十分深刻。

得知他请我帮忙撰写推荐序时，我想一定要好好看一看。在细读的过程中，我发现张益铭是一位非常细腻的教育者，他帮助父母挖掘了容易忽视的教育误区，他的各种教育观点都让人眼前一亮。

教育行业是一个很难用科学方法衡量的行业，但教育成果可以说明问题。我感觉《觉知的父母》中提出的一些观点值得教育者细细推敲，张益铭的教育思维给我们教育孩子提出了新的思路。我认识他已经有相当长的时间了，以前我十分钦佩他对教育的执着与专注，读过《觉知的父母》之后，我对他有了新的认识，因为他给我提供了一个看待青少年、看待中国下一代成长的独特视角，这对我有很大启发。

比如《觉知的父母》一书中写道："中国人喜欢将父母的形象形容得无比高大，将父爱母爱诠释成人间至极。事实上，爱固然是爱，但高大与否取决于父母对待孩子的态度。很多父母倾尽心血，力求为孩子成长的每一步保驾护航，却没有想过孩子是一个独立的生命体，需要的不仅仅是保护，在成长过程中他们更需要自由与独立。"这让我不禁联想到自己对孩子的教育，如果当初我能够对这一观点理解得更深一些，或许孩子取得的成就可以更早一些、更大一些。

张益铭的确对教育倾注了全部心血，对这一行业的理解也十分到位。他在《觉知的父母》中分享了自己打造的"胜者163教育模型"，社会需要这样的教育者培养出更多的优秀青少年，这种壮大社会生力军的行动值得我们给予敬意。

细读《觉知的父母》的这几天，我对青少年教育产生了浓厚的兴趣，并希望从书中了解到一些实用的教育技巧。不得不说，书中提到的父母教育的恶习，以及社会普遍存在的教育误区，都是当代教育的痛点，而张益铭将解决这些痛点的方法结合自己的智慧打造成了"胜者163教育模型"。我在反复思考后认定，"胜者163教育模型"的确可以对我国青少年的成长提供助力。

我始终认为，无论哪个行业的从业者，都应该有一份社会担当，追求事业时不能单纯从技术、技巧的角度去看待现有问题。从初心出发，思考行业本质，在自我淬炼后从业者才能够具备影响这一行业发展的能力。从《觉知的父母》一书中，我看到了张益铭的这种能力，也看到了他对社会的贡献与付出，这便是我建议更多朋友读一读《觉知的父母》的原因，相信在这本书中大家都可以找到自己为人父母的影子，也可以寻得有效的教育方法与教育思维，甚至在教育之外，明白一些做人的道理。

徐浩宇

扬子江药业集团有限公司党委书记、董事长、总经理

中国化学制药工业协会副会长

2022 年 6 月

让孩子自己找到人生方向

在当今时代，教育显得越发重要。孩子是社会的未来，孩子的教育关系着国家的未来，所以孩子的家庭教育必须得到重视！我看到张先生提出的教育理念很高兴，其提出了"胜者163教育模型"，即：发现并尊重孩子的天赋；培养孩子的六个特质，分别是具有强大的意志力、具有学识与眼界、具有自我驱动力、具有解决问题的思维与能力、具有感恩的心、具有社会责任感；培养孩子的三个思维，分别是艺术思维、建筑思维、辩证思维。

读了张先生的这本书，我感想颇多。我想到了教育家孔子，想到了千千万万为教育奉献的人们。文明的动力在于人民，人民才是历史最好的创造者。做好家庭教育，人民的创造力就会更加丰富。

张老师的这本书提出了很多有价值的思考和方法，它能帮助家长在教育孩子的时候找到正确的、合适的路径。孩子的教育不能只依赖于学校教育，家庭教育、社会教育同样重要。特别是家庭教育，孩子的很多习惯、思维、观念等都会受到家庭的极大影响。如果家庭教育出了问题，孩子就无法健康成长。

张先生的这本书让很多对孩子教育问题感到焦虑的家长能静下心

来，真正去思考自己的孩子需要什么。家长没有必要将自己的观念、焦虑强加在孩子身上。孩子自有天赋，只要合理引导，他们会找到自己的人生方向。家长不要试图去改造孩子，而是要善于引导孩子；要尊重孩子的个性，在关键的时刻帮孩子一把。

我很高兴为这本书写序！祝福作者张先生！祝福孩子们！

高有鹏

上海交通大学教授

博士生导师

中央电视台《百家讲坛》主讲

联合国教科文组织国际民族节庆委员会委员

2022 年 6 月

教育的本质是影响他人

　　收到为张老师的新书作序的请求时我并不意外，因为在张老师写作本书的过程中我便与他就青少年教育进行过多次交流。不得不说，同为教育者，我被张老师的教育观点教育了。相比之下，我更像一名注重成果的行动专家，而张老师则是追本溯源的教育探究者。十余年间，张老师培养了数万名优秀青少年，其独特的教育方法和教育理念对当代教育领域的影响十分深远，为其新书作序的确是一件不易的事情。不过随后想想，向人推荐一本有意义、有影响力的好书本就是一件美事，我又何乐而不为呢？

　　我与张老师相识颇早，提笔时却仍不知如何写出一篇标新立异的推荐文。后来我突然想到张老师的名言"教育的本质是影响他人，而不是改变他人"，我才明白我又何必奢求用推荐文改变他人的想法呢？真实表达对张老师的印象、对胜者教育的感悟即可，相信大家会有自己的体会。

　　张老师深耕青少年教育领域多年，在这个过程中他取得了无数辉煌的成就。如今，张老师的学员遍布全国各地，这令我十分羡慕。我曾对张老师发出这样的感慨：从事教育工作果真是一件幸事，桃李满天下之日便是你名扬四海之时。可张老师却回答："我可从来不敢这样想，我只求每个孩子都可以开出最美的花，结出丰硕的果实。至于花为谁开、果予谁人就不是我要操心的事了。"我本以为张老师的回答是谦逊，后来我才发现这的确是他秉持的教育态度。在胜者教育多年的发展中，他总是在倾心尽力地付出，想必是这种态度让他达到了今天的境界。

研读过《觉知的父母》后，我对张老师的赞叹再增几分。张老师将十几年的所感所悟精辟、精准地总结提炼出来，字里行间透露出他对我国青少年的期许，对中国父母的期望。

在本书的第一部分中，张老师便毫不避讳地直击当代青少年教育的弊端与痛点，其中多个观点引发了我强烈的共鸣，也令我深思为何这些身边的教育问题没有得到重视。在我看来，《觉知的父母》完全可以成为父母的教育手册，仅第一部分就足以让无数父母自省、深思。

在后面的章节中，张老师描述了很多解决当代教育问题、弥补教育缺失的方法与路径，这种"以终为始"的教育思维让我感受到"胜者163教育模型"的有效性，让我联想到我国青少年在这一教育模式下的意气风发、壮志凌云。

这是一本教育领域的著作，读完后我时常回味，想来是书中的观点让我产生了较深的触动。作为推荐序，我不便再"剧透"更多内容，《觉知的父母》的精髓需要各位读者朋友细细品味。相信读完这本书大家可以获益良多，并被张老师的教育理念折服。

　　《觉知的父母》出版在即，我希望此书能够成为我国青少年教育的及时雨，帮助父母解决家庭教育中出现的问题。在这本书中，父母可以找到帮助孩子成长的具体方法和措施，让孩子的成长更有方向。

　　最后，我想站在一名读者的角度分享一下我的读后感。这不是一本教育知识的文字汇编，而是立足实际，为青少年发声的一本书；这不是一份教育工作者的心得总结，而是一份想要改变青少年教育的宝典。从这本书中，我看到了一个倾心奉献的身影，看到了无数青少年的精彩人生。

李践

上海行动教育科技公司董事长

2022 年 6 月

君子之为学，以明道也，以救世也

欣闻张老师的《觉知的父母》即将出版，我十分高兴，毕竟我曾多次督促他将胜者教育的精髓分享给更多人。诚然，让每日辛劳的张老师再抽出时间写书的确是件难事，但他肯接受建议，说明他意识到了这份责任的重大。

收到书的那一刻我就迫不及待地通读了这部作品，感觉本书对青少年教育和当代父母的剖析十分深刻，可谓既精到又生动。张老师在书中呈现的各种教育观点对中国教育现状、教育问题分析得十分准确，比如张老师对"教师与教练"的分析便指明了青少年成长受挫、能力受限的主要原因，也让更多父母明白对待孩子成长究竟应该秉持哪种态度。

细读过张老师的书后，我再次陷入深思。虽然我与张老师是好友，对胜者教育、"胜者163教育模型"已有较深了解，但张老师依然带给了我很多惊喜。细细品味后，我感觉《觉知的父母》可以对青少年教育带来以下几个方面的贡献。

第一，张老师从父母的精神生活出发来对青少年教育进行分析，他分析的是教育本质而不是教育形式的弊端，这一点让我十分敬佩，因为这种直达内心的观点更有利于教育问题的解决。

第二，书中观点兼收并蓄、雅俗共赏。张老师选择了一种读者更容易接受的分享方式，直击父母的教育痛点，指明了当代教育的弊端，让人明理正身、自省思变。所以我认为《觉知的父母》是一本值得父母认真阅读的教育手册，相信读者朋友都认同这种感觉。

第三，在引导父母正确教育孩子的过程中，张老师对西方教育方式的取舍恰到好处，也让更多父母看到了对青少年的教育应当结合国情和时代特点，一味追求所谓的西方教育方式是不切实际的。

总而言之，这本书是张老师深思好学的结晶，体现了我国教育的实情实景，更揭示了青少年健康成长、蜕变的正确方向。书中典型的故事描述可以引发更多人的共鸣，张老师的育人观点也显得意义深远。这本书绝非闭门造车的自圆其说，张老师的所有观点皆出自其十余年教育历程的感悟，绝非折中他人之见，仅从这一点出发，这本书就有很大的借鉴价值。

"君子之为学，以明道也，以救世也"是清代思想家顾炎武的一句名言，我感觉这本书就是一部"明道"之作，所以我郑重地把它推荐给大家。

张大豆

豹变 IP 创始人、豹变学院创始人

个人品牌专家

2022 年 6 月

再伟大的成就，也弥补不了教育的缺失

　　年轻的时候我自恃成熟，总喜欢用一副过来人的模样指导他人。为人父母、了解教育后我发现了自己的幼稚。从稚嫩的孩子身上我学到了太多太多，也感悟到了太多太多，我不禁为曾经的自以为是而感到懊恼。

　　十几年来，我引导并陪伴了众多孩子的成长，挖掘了这些孩子的天赋。如今回首，我感觉这十几年过得非常充实。我十分庆幸自己投身于当代最有意义的事业，如今我已帮助超过三万名青少年活成了他们喜欢的样子。从这些孩子身上我获益良多，也感悟了人生真谛，展现了自身价值，这也是我未来继续前行的初心与动力。

　　最近两年，越来越多的父母对我说："张老师，您应该把胜者教育的理念写成书，分享给更多的父母，这不仅是为了帮助孩子，也是您需要承担的一份社会责任。"

　　最初，我认为自己还不具备影响社会的能力，如今却感觉这份责任无比重要，出书的想法也越发迫切。这不是因为多年来我获得了怎样的成绩，而是在工作的过程中，我看到了很多孩子成长受困、天赋蒙尘。所以，我用了一年多的时间，总结了十几年的所思所得，将"胜

者 163 教育模型"的精髓与理念进行了详细梳理，终于完成了本书。

停笔那一刻，我突然有了一种轻松感，感觉完成了一项必须完成的任务。深思许久，我认为这份责任源于那些成长受挫的青少年，因为每当我看到这些孩子愤恨、不甘、自卑甚至堕落的眼神时，这种感觉就无比强烈。

在本书写作过程中，我以为自己会将全部的精力放在解析"胜者 163 教育模型"上，却忍不住对青少年教育的误区倾注了大量笔墨。正是基于这种现状，我才创立了胜者教育，才打造了"胜者 163 教育模型"。

说心里话，最初打造"胜者 163 教育模型"时我十分急迫，因为我看到诸多青少年经历着不良的家庭教育，我渴望找到改变这一现状的有效方法，这也是对自己的一种慰藉。

到今天，"胜者 163 教育模型"已经历经多次打磨与完善，我们对青少年的培养也越发顺畅，它让我感到十多年的专注与付出有意义、有价值。

做教育这么多年，我经历了诸多磨难，也曾被某些父母误解。比如我带领孩子挑战沙漠徒步，以完善孩子的人生观，激发孩子的意志力。可有些父母却因对孩子的过度溺爱而批评我不懂得温情教育。于是我开始思考该如何让更多父母满意，但在决定改变教育策略前我猛然惊醒，教育的真谛是为了孩子，而不是为了父母的自我满足。所以"胜者 163 教育模型"的一切皆以孩子为出发点，不会因父母的影响而改变，这正是我在教育中坚持的原则。

坚守着这一底线，我不断扩大"胜者163教育模型"的覆盖群体，希望更多的父母了解、学习这种教育模式。因为胜者教育无法代替父母，所以我必须把青少年健康、快乐、卓越成长的方法分享给每一位父亲或母亲，只有这样胜者教育才能做出自己应有的贡献。

我不敢称本书写得有多么好，但我相信肺腑之言能促使家长思考，相信所有父母都可以从中找到自己的影子。我希望更多父母从书中找到培养孩子成才的可行性方案，希望胜者教育的教育理念可以让更多孩子受益，为社会培养出更多中坚力量，这是我的梦想，也是胜者教育的无上荣光。

张益铭

2022年6月于上海胜者大厦

千百年来，教育的中心从来都不是"教书"，而是实实在在的"育人"，但急功近利的父母却改变了青少年的成长方式。

每当我提及这一观点，便会有无数父母进行反驳：不急功近利，孩子只能被社会淘汰，还谈什么教育？对此我一直不解：父母期望把孩子培养成什么模样？是"标准品"还是时代开创者？

2021年7月，中共中央办公厅、国务院办公厅印发了《关于进一步减轻义务教育阶段学生作业负担和校外培训负担的意见》。"双减"政策之下，我发现在学校给孩子减负时一些父母却在为孩子增压。我不禁询问这些父母为何如此，得到的回答是"别人减负我们不减，这就是孩子超越他人的最佳时机""报了这么多辅导班，孩子的成绩依然平平，哪敢减负"。这时我突然明白，改变中国青少年教育现状的根本是改变中国父母的思维，否则我国青少年的成长就无法进入正确的轨道。

基于教育的这一现状，我认真研究了影响青少年成长的方法，最终发现改变青少年教育的关键在于改变父母的教育思维。

父母不能再以高高在上的姿态自居，必须给予孩子成长的空间。

在我看来，很多父母不懂得正视孩子的成长，不懂得激发孩子的天赋。事实上，每个孩子都具备独有的天赋，天赋得以激发，孩子的成长就可以从"追寻快乐"转变为"快乐追寻"，孩子的人生也将从满足社会所需，转变为颠覆领域格局。

十余年间，我培养了超过 30000 名青少年，让更多父母看到了一条与传统家庭教育方式不一样的成长之路。十余年的教育经历让我感悟颇深，我集所有心血创立了胜者教育，并打造了"胜者 163 教育模型"。我所求的不过是在教育行业中践行一条高质、高效、高标准的青少年培养路径，围绕孩子的核心竞争力挖掘孩子的独特天赋，定制区别于他人的个性化思维、知识、技能、能力、责任等全维度的培养方案，为青少年开辟一条高效、充满创造力和可能性的路。

在多年的教育实践当中，我总结了一套能用来提升孩子整体素质的模型，我将其称为"胜者 163 教育模型"。在这个模型中，我将孩子的天赋、孩子应当具备的六个特质，以及孩子应当具备的三种思维融合在一起，希望孩子在具备这些特质与思维后，能成为优秀的个体。

"胜者 163 教育模型"的逻辑结构如下图所示。

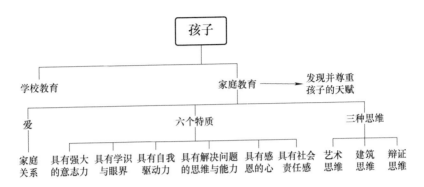

在图中我们能清晰地看到，家庭教育是学校教育的有效补充，是孩子成长过程中不可或缺的关键部分。孩子的全面成长与家庭教育息息相关。作为父母，要懂得发现并尊重孩子的天赋，要恰当地引导孩子天赋的发展。对于不喜欢音乐的孩子，你非得让他去学习乐器，那跟"牛不喝水强按头"没什么区别。有的孩子从小就喜欢音乐，乐感很足，但正是因为父母后知后觉，浪费了孩子的天赋。

在家庭教育当中，爱非常重要，父母的关系以及父母与子女的关系是爱的表现形式。很多父母发现孩子很叛逆，觉得父母不爱他，根源还是因为父母的关系存在问题。

除了发现并尊重孩子的天赋，父母还要培养孩子的六个特质，分别是：具有强大的意志力、具有学识与眼界、具有自我驱动力、具有解决问题的思维与能力、具有感恩的心、具有社会责任感。对于这六个特质如何培养，在后文中我会详细论述。

此外，孩子的思维训练也不能缺少。在学校，老师们会注重培养孩子的抽象思维、逻辑思维等。在家庭中，父母除了配合老师培养这些思维之外，还要特别注重孩子艺术思维、建筑思维、辩证思维的培养。这些思维是孩子成长的必备要素。

"胜者163教育模型"是针对家庭教育的有效模型，在多年的实践中，它得到了诸多家长的认可。孩子的成长不能只靠学校教育，家庭教育同样非常重要。希望本书的出版可以让更多父母幡然醒悟：世界上没有教育不好的孩子，只有不懂得教育的父母。

我希望本书的出版能够让越来越多的青少年被激发出独有的天赋，成为振兴中华、报效社会的中坚力量和中流砥柱。

目　录

第一部分

你的孩子本来很优秀，
别亲手毁掉他

2019 年，演员邓超自导自演的电影《银河补习班》获得了 8.6 亿元票房，也感动了无数 80 后和 90 后父母。电影中的男主人公马飞从小就被视为"问题儿童"，被同学嘲讽"缺根弦"，被教导主任讽刺"是煤球，再怎么洗也永远变不成钻石"，就连母亲也认为"这孩子本来就笨，这孩子就这样没救了"。但父亲（邓超扮演）的一句"不要信你们老师的话，你是地球上最聪明的孩子"让马飞重获人生希望，并在父亲的陪伴、鼓励下展现出了自己的实力，实现了成为宇航员的梦想。

其实，很多孩子拥有着相同的境遇，缺少正确教育思维的父母让孩子独一无二的天赋长久蒙尘，让孩子逐渐失去了逐梦的动力。

第 ① 章

给孩子最好的礼物，是精神独立与天赋自由

中国人喜欢将父母的形象形容得无比高大，将父爱、母爱诠释成人间至极。事实上，爱固然是爱，但形象高大与否取决于父母对待孩子的态度。很多父母倾尽心血，力求为孩子成长的每一步保驾护航，却没有想过孩子是一个独立的生命体，需要的不仅仅是保护，在成长过程中他们更需要自由与独立。

01 | 你做过的孩子都会了，你说过的孩子都忘了

网络上有这样一则关于家庭教育的问答。

有人问："为何父母总爱提'别人家的孩子'？"

答案中点赞最多的居然是：因为父母认为"和逼迫自己比起来，逼迫孩子容易多了"。看到这个答案我不禁哈哈大笑，孩子们真是太好玩了，但又感觉无奈。的确，父母总是以自己觉得对的方式去催促孩子成长，却从来不想想自己曾经也是孩子。

在当今社会中，义务教育已经普及，孩子基本都能得到很好的教育，而课外兴趣班能让孩子拓展兴趣……

但孩子的教育却依然是父母心头的刺，父母在教育方面投入时间、精力和金钱，但往往收效甚微。父母何曾想过，教育如果只是物质、金钱的投入，那世间的教育岂不是太简单了。孔子说过："己欲立而立人，己欲达而达人。"如果用在父母身上，那就是教育孩子应该是父母先做，给孩子做榜样。

孩子缺少的不是文化知识，也不是兴趣、爱好，他们的性格、习惯、

处世智慧很大部分都来自父母的"身教"。在文字出现之前，人类就已经存在了，在没有文字、没有学校之前，人类靠什么教育后代呢？正是"身教"。

父母错误地以为，只要告诉孩子怎么做，孩子就应该学会。殊不知，为人处世，哪能是说说那么简单。要是这么简单，所有父母都应该是专家，因为父母学过的知识、听过的道理真的太多了。

有一次，我朋友和他的孩子并排走在街上，他太太跟在后面。突然他太太说："你看你，把孩子带坏了。"朋友很纳闷，自己走路走得好好的，怎么就把孩子带坏了？原来他的太太看到父子两人并排走的时候，姿态一模一样，甚至连内八字的走姿都一样。我朋友跟我说起这事，就感慨，内八字的走路姿势可从来没有教过孩子，但孩子在潜移默化中就学会了。他一直和孩子说走路要挺直身板，孩子一点都没学。

为什么那么多父母懂了那么多道理，却依然教育不好孩子？关键是父母的"言传"总多于"身教"。孩子在成长中对世界的认知、理解更多源于父母潜移默化的影响，而不是对书本知识的感悟。所以，父母需要亲身示范给孩子"应该怎样做""如何做效果更好"，而不是义正词严地告诉孩子"哪些可以做""哪些不能做""应该怎样做"。

李嘉诚曾说过，再大的家业传承，也抵不过言传身教。在教育孩子的过程中，李嘉诚的身教明显胜于言传。比如李泽钜和李泽楷年满8岁便参加李嘉诚公司的董事会议，两个孩子不仅要旁听，还要针对一些问题表达观点。就是依靠这种方式，李泽钜和李泽楷学会了父亲以诚信取胜的生意经。

当然，每个人的家庭环境都不同，但身教胜于言传的教育理念却是父母都应该学会的。孩子在成长期间的学术知识源于老师，但品德操守更多源于父母。如果父母不懂得以身作则，发挥榜样作用，则有"养而不教"的嫌疑。

孩子的成长是对世界从无到有的认知过程。言传的效果更多的是让孩子"认识"世界，而"知晓"与否还要靠身教。因为身教可以传达适应世界、融入世界的方法，缺少身教的孩子很难及时理解世界运行的规则。

比如父母教育孩子讲文明、懂礼貌，但如果父母有说脏话的习惯，那么文明与礼貌在孩子眼中便一文不值。孔子也说过："其身正，不令而行；其身不正，虽令不从。"传授给孩子的理念，父母首先需要做到，如果自己都做不到，孩子又怎么会遵从呢？

新东方创始人俞敏洪曾经大力推荐过一本书，书名为《改变孩子先改变自己》。作者贾容韬最初的身份并不是老师，而是一位事业有成的商人。正因为有一段惨痛的育儿历程，贾容韬放弃了自己苦心经营的企业，投身到青少年教育领域。

作者的儿子是一个"资深网瘾少年"，上学期间学习成绩不理想，在校期间打架等事件频发，小小年纪已经有两次被学校劝退的经历。

针对儿子的这种状况，贾容韬采用过打骂、惩罚等各种强制方法，可儿子不仅没有丝毫收敛，反而变本加厉，长期躲在网吧里夜不归宿。当时的贾容韬极端失落，深深的挫败感让他意识到儿子成长为今天的模样，与自己教育的缺失有直接关系，于是他做出了一个大胆的决定，放弃自己的事业，回归家庭，专心陪儿子。

回归家庭后，贾容韬开始学习各种教育知识，并努力调整自己的教育方法。从这一天起，贾容韬没有再打骂过儿子，而是用自己的行动影响儿子。孩子的生活邋遢不规律，贾容韬便以身作则，每天早睡早起，并把家里打扫得干净整洁；孩子沉迷网络不想学习，贾容韬便带头阅读各种书籍，为孩子营造良好的学习氛围。

一段时间过后，贾容韬的儿子被他的行为感染，去网吧的次数越来越少，而且极少夜不归宿。有一次，贾容韬的儿子在同学的怂恿下又一次在网吧夜不归宿，第二天早晨满脸愧疚地回到家里。

这次贾容韬没有批评儿子，反而为孩子准备了早餐。在吃饭时贾容韬说道："儿子，虽然你昨晚又一次在网吧通宵上网，但你这段时间的改变我还是看得清清楚楚的。这些天你去网吧的次数越来越少了，这证明你是一个坚强、有毅力的男子汉，网瘾你都可以克制，还有什么能够难倒你呢？"

孩子听了这话又惊喜又惭愧，从这一天开始，彻底戒掉了网瘾，并重新回归学校，经过努力考上了心仪的大学。

这本书描述的每一个情节都让人感慨，父母如果都能换位思考，从自己做起，那教育孩子就会容易很多。如果父母都能以身作则，不推卸责任、不拖延、不为自己的行为找借口，孩子就不会那么不听话。说到底，父母总是给孩子提要求，而自己却不做，父母在孩子眼里的形象就逐渐矮下去了。

著名主持人杨澜说过，做父母并非易事，身教比言传更有说服力，别把劲儿都使在孩子身上，如果自己充实、快乐，有责任感，有情绪管理能力，孩子会模仿你的。

我希望更多的父母明白，父母一生中最重要的事业，就是成就自己的孩子，而带给孩子最好的教育一定是以身作则的"身教"，因为我们这个时代的教育现状已经证实：父母做过的，孩子都会了；父母说过的，孩子早忘了。父母可以从以下几个方面做起。

● 观察一下，孩子身上的缺点，自己身上是不是存在。如果存在，先把自己的缺点改掉，再要求孩子改。

● 自己说过的话，自己有没有落实？如果自己只说不做，那就和孩子一起制订计划，一起落实，并互相监督。

● 给孩子监督父母的权力，并与孩子商议具体的惩罚措施。孩子提出的问题，如果确实存在，父母不但要改掉，还要按照之前商议好的措施接受惩罚。

02 | 高明的父母，
从来都不说教

　　教育从不是一个讲道理的过程，而是用爱和心去感受和沟通，并让孩子们做出改变的全流程体验。心理学家皮亚杰曾说过："孩子只能从自己出发看世界。"如果孩子接受的教育只是道理和语言，很难有所感悟，那么教育的效果自然可想而知。

　　为什么父母执着于说教呢？因为大多数父母把说教作为一种保护孩子的手段。父母在与孩子相处的过程中，会开启"雷达探测"模式，侦测孩子周围的不安信息，一旦感觉到孩子身边有不安因素，便马上展开各种说教，甚至某些父母已经养成了习惯，不断向孩子灌输"不能做""不能尝试"的思维，孩子的探索欲、自主意识也在这一过程中被慢慢消磨。

　　父母要明白，剥夺孩子探索欲、自主意识的说教只能让孩子感受到父母"约束式"的保护，而不能提升孩子自我保护的能力。同时说教很容易让孩子感觉到不被尊重，尤其在孩子长到一定年龄时，说教甚至被叛逆的青少年认定为智商侮辱。父母极力灌输的"这种方式不正确""这种后果很危险"思维无法获得青少年的认可，反而会影响孩子的决策能力和认知能力。久而久之，孩子或失去自信，或极端叛逆。

心理学中有一种"超限效应"，指人在忍受一种情绪时存在一个限度，一旦超越这个限度，情绪便会向反方向转换。这个理论能真实反映很多青少年的成长心理，孩子长时间接受父母"不可以""不能够"的教导，被压制的情绪到达极限时，便会主动尝试各种"不可以""不能够"的事情，这也是说教带来的教育恶果。

除此之外，某些父母在说教时还附加太多自己的情绪，导致原本能够让孩子内心产生共鸣的教育成为一种负面刺激，让孩子失去理智，默默用反抗、叛逆的情绪对待说教。我发现这样一个规律：大多数惯于说教的父母与孩子的关系都不和谐。父母频繁说教，而孩子不喜欢被控制、束缚，便开始反抗，久而久之双方的关系非常紧张，大有一触即发之势。

当然，我并不是指说教完全不可取，而是想提醒各位父母，说教需要讲究方式与技巧，要让孩子在说教中获得成长。

说教被青少年厌恶的原因主要有两点："听不懂"与"被掌控"。所谓"听不懂"，是指父母讲的大道理太深奥，或脱离实际，孩子很难具象思考父母想表达的含义。比如："你学习如此不认真，怎么能有好成绩？没有好成绩怎么上大学？不上大学将来怎么出人头地？懂不懂失之毫厘谬以千里？"这类说教在青少年的大脑中很难产生触动，他们甚至不认同这种逻辑。所以这类说教大多会让孩子反感，无法取得实际的教育意义。

　　我认为说教的关键是让孩子内心产生共鸣，比如："你不认真的毛病已经带给了你很多麻烦，相信这一点你深有体会，你不纠正这一错误，生活中的麻烦便会越来越多，甚至还会被朋友嘲笑，被他人看不起。"这种令孩子瞬间联想到结果的说教更能够触动孩子的内心，孩子也可以从中发现自己的问题。

　　观察一下那些优秀的青少年，你会发现这些孩子的父母很少义正词严地对孩子进行说教。比如清华才女武亦姝[⊖]，不仅获得了《中国诗词大会》冠军，更是被清华大学的校长在开学典礼上誉为具有代表性的新生。武亦姝的父亲便是一位懂得教育的智者，他对武亦姝的教育看似随意但效果突出。武亦姝的父亲是一位知名律师，可无论工作多么繁忙，他每天回到家的第一件事就是关掉手机，陪武亦姝读书、学习、玩游戏，正是这种身教多于言传的教育方法，让武亦姝从贪玩的女孩子变成了自律、自强的清华才女。

　　其实，武亦姝的父母也会向孩子讲道理，但从不会让她感觉"被掌控"。父母懂得把握说教的节奏，让各种道理传递保持在孩子可以接受的限度内，便不会引发孩子情绪的不适，更不会激发孩子的反抗意识。这种说教方式取得了很好的教育效果，营造了良好的家庭关系。

　　苏联教育家苏霍姆林斯基说过："任何一种教育现象，孩子在其

――――――――――

　⊖　2017 年 2 月 7 日晚，在央视《中国诗词大会》第二季总决赛中，武亦姝凭借强大的实力成功夺冠。2017 年 5 月，获得"2017 年全国向上向善好青年"称号。

中越少感受到教育者的意图，教育的效果就越好。"但当父母保持高姿态说教时，孩子感受到更多的是父母强制纠正的观念，无法自发寻找到改正错误的方法与途径，教育的效果自然可想而知。

聪明的父母都懂得一个重要的道理，那就是，教育不是让孩子听话，而是让他们有正确的生活认知与行为习惯。所以这类父母会引导孩子发现自己的错误，带领孩子看清陋习可能导致的困境，让孩子主动、自发纠正自己的行为，逐渐培养出正确的价值观与人生观，这便是他们的高明之处。

我建议父母做以下几点改变。

● 教育孩子时，具体地描述这种行为产生的后果，并把后果描述得简单明了，让孩子能联想到自己的生活，这样能让孩子的感知更深刻。

● 陪伴孩子读书、写字、玩游戏，并在这个过程中寻找机会给孩子讲一讲道理。

● 引导孩子给自己提要求，孩子自己提出的要求，自己会努力去实现。

03 | 成长核动力：
和谐亲密的亲子关系

我国是全球最重视人伦亲情的国家，但这也导致我国青少年受溺爱的程度远超他国。爱一旦过度，就会产生问题。在很多时候，"以爱为名"的教育并没有取得良好的效果，一些父母并未能找到爱孩子、教孩子的正确方式。

我不否认关爱孩子是一种积极健康的教育行为，而且我认为和谐、亲密的亲子关系是孩子健康成长的原动力。但父母过于关爱的方式存在诸多问题，比如某些父母把对孩子的爱视为掌控孩子的筹码，不断向孩子灌输"你必须认同我爱你的方式，无论这种方式是否正确"的思想。正是父母这些强势的"爱"导致了很多家庭关系冷漠、亲情疏离。

从青少年成长的角度来讲，亲子文化不只是家庭文化，也是教育文化、社会文化。最应该承担亲子文化建设责任的不是孩子，而是父母。父母的"因为我爱你，你必须和我保持和谐"的思维，往往会导致家庭不和谐。

比如，很多父母抱怨孩子不懂事、不理解父母的良苦用心，那这些父母有没有想过，造成这种状况的主要原因正是自己呢？*父母是因，*

孩子是果，与其抱怨结果，不如想想是哪些原因导致了这种状况，身为父母应该如何构建和谐、亲密的亲子关系。

大多数父母认为亲子关系取决于亲子教育，教育效果好则关系和谐。可我不认同这种理念，我认为亲子关系重于亲子教育。因为良好的亲子关系并非表现为孩子"听话"，或孩子对父母过度依赖，而是体现为父母与孩子之间相互尊重、相处和谐、彼此自由。比如，当一个孩子在校认真学习，回家及时完成作业，对父母的建议言听计从时，我们并不能确定其亲子关系一定良好，因为孩子只是表现得"听话"，并没有与父母产生多么紧密的交集。这有可能是过度说教的结果，孩子"听话"不过是为了生活中少一点"唠叨""约束"，为此孩子甚至放弃了自己的兴趣爱好、好奇心、探索欲。

真正与父母建立良好关系的孩子应该表现得更加懂事，懂得尊重父母，懂得为家庭思考，懂得为家庭营造更多快乐，敢于反驳父母错误的教育观点。

我帮助很多家庭解决过亲子关系紧张的问题，感触最深的是，父母喜欢用各种方式强制孩子与自己保持和谐关系，自己却不主动去改善亲子关系。每天教育孩子应该如何对待父母、应该如何感恩家人，却忽视了自己的责任与行为。

很多父母给予孩子无微不至的关怀，对孩子的照顾体贴入微，在这个过程中却将自己的意愿强加给孩子。比如，有些父母为孩子买衣服从不吝啬，但买的是自己认为漂亮的衣服，却不认可孩子的选择，这种行为在孩子眼中更像是一种束缚与管教，而不是爱。

良好的亲子关系应表现为彼此理解、彼此信任的对等关系。父母懂得理解孩子、信任孩子，给予孩子更多的鼓励与陪伴，用鼓励、引导的方式与其一起探索成长。比如孩子对父母说："我想文身。"父母立即制止孩子说："不可以。"这种强硬的约束方式会影响到彼此的关系。孩子虽然会接受，但并不认可父母的观点，反而会觉得父母限制了自己的自由。但如果父母说："这是一个慎重的问题，因为你没有退路，我猜还会影响到你的学业，让你失去参军的机会。"这时孩子会认真去权衡利弊，在父母的引导下放弃或暂时搁置这一想法，这才是正确处理亲子关系的方式。

人非圣贤，孰能无过？更何况是孩子。在孩子成长的过程中，父母需要应对各种状况。比如同样的文身问题，孩子选择了先斩后奏，很多父母会表现得非常气愤，结果自然是责骂、惩罚。

父母没有意识到自己在这个年龄也会产生类似的想法，这只是孩子追求爱好、求新求异的正常表现。可有些父母却为孩子贴上了不好的标签，采取了错误的教育方式。如果父母长期以这种教育眼光看待孩子，就容易导致孩子自立性不足，遇事无主见，成年后也很难表现出应有的担当与责任感。

用成长的眼光看待孩子的错误，允许孩子在正常的年龄段犯正常的错误，其实也是一种教育。因为青少年教育不只是事前的制止、事后的惩罚，更表现为正确引导孩子的品行发展，修正孩子的成长方向，不剥夺其犯错的机会，让其在过错中收获成长。

见过诸多家庭的教育状况后，我发现大多数父母在努力构建和谐、紧密的亲子关系，但在方法理念上存在一些问题。这是因为父母未能理解，亲子关系是在相互磨合中构建的，而不是教育出来的。

每个孩子、每个家庭都是独特的存在，父母不需要去模仿其他家庭的教育方式，不要盲从他人的教育见解，家庭教育因人而异，没有绝对的正确，只有适不适合，对孩子有效的教育方式才是最佳的教育方式。

在这里我给父母分享一个家庭教育的技巧。

● 在孩子成长的过程中，维持和谐亲子关系的最好方式是告诉孩子一些有用的东西，而不是告诉孩子何为正确、何为错误，因为这种教育不仅影响孩子的认知，更容易引发孩子的抵触情绪。

04 | 天才也需要
持续被训练

　　世上的天才少年不少，不过大多数被错误观念、不正确的教育方式耽误了一生。

　　什么是天才？大多数父母认为，有天赋的孩子就是天才。比如莫扎特，4岁可分辨音律，6岁举办大型音乐会，一生创作了无数被世人推崇的经典作品，被誉为维也纳古典乐派最具代表性的音乐家；又比如东京奥运会14岁的跳水冠军全红婵、16岁的射击亚军盛李豪，小小年纪便取得举世瞩目的成绩，这些天赋异禀之人必然是天才。

　　天才是不是可以轻松获得成功，人生注定不凡呢？答案是否定的，因为大多数有天赋的人最终会泯然众人，真正获得成功的只是一小部分人。

　　在我看来，孩子成才受四个方面因素的影响。

▶ 遗传因素
不可否认，先天的生理、心理基础是孩子成才的前提，每一个孩子遗传的天赋结构并不一样。语言天赋、逻辑数理天赋、视觉空间天赋、音乐节奏天赋、身体动觉天赋、人际交往天赋、自知自省天赋、领导特质天赋、道德天赋等九个类型的天赋可以覆盖绝大多数的孩子，父母应立足于孩子不同的天赋，有针对性地引导孩子，成就孩子。

▶▶ 环境因素

人是环境的产物，所谓"近朱者赤，近墨者黑"，讲的就是这个道理。孩子与什么人接触最多，就无形中会受其影响，特别是在小时候。

特别是家庭环境会影响孩子的性格。有什么样的家庭环境就有什么样的家庭教育，而家庭教育的本源是父母教育。

父母对孩子一生的影响，整体上是从六个方面来体现的。

① 价值观。孩子是否幸福，很大程度上取决于父母的价值观是否正确。

② 真爱。孩子是否有真爱，前提是父母是否相爱。

③ 责任感。孩子是否有责任感，要看父母在日常生活中是否敢于放手，敢于相信孩子，敢于让孩子独立去尝试。

④ 德行。孩子是否有德行，要看父母的德行如何，要看父母在日常生活中是否能坚守原则，坚守底线。父母的一言一行都会影响

孩子。

⑤ 自信。孩子是否自信，关键要看父母是否自信，是否对孩子无条件信任。

⑥ 上进。孩子是否上进，关键看孩子的内驱力有没有被激发，他心中的梦想是否闪闪发光，父母要努力帮助孩子找到梦想。

▶▶ 自我教育

在教育孩子的过程中我发现，最好的、最重要的教育就是自我教育，不管大人还是小孩都是一样。自我教育就是在一定遗传的基础上，在环境和他人教育的影响之下，让自己真正认识自己并在脑海里生成自己未来的样子。一旦生成，孩子就会自发要求并产生自发的动能，最终拥有自己想要的自在人生。最好的教育就在于给孩子提供一个机会，让他自己去思考：怎样进行自我教育？怎样变得更好？怎样在克服困难的过程中进行自我奋斗？

▶▶ 刻意练习

有天赋，只不过离成功近了一小步，获得成功还需要不断练习，不断强化。马尔科姆·格拉德威尔在《异类》中提出了"1 万小时天才定律"，这一定律得到了教育界的普遍认可。美国心理学家安德斯·艾利克森在《刻意练习》中也提到，只有刻意练习 1 万小时才能培养出天才。

在思考怎样培养更多中国优秀青少年时我认真学习了《刻意练习》中的教育技巧，我发现书中的很多教育观点与胜者教育的教育方式契合度极高。比如书中提到，在某个领域快速成长的最佳方法不是拥有擅长这一领域的天赋，而是第一时间学习到正确的理念和方法，这将极大地提升学习效率。这种方式正是胜者教育为孩子培养良好生活习惯、正确学习方法的方式。胜者教育的导师通过针对性指导，高频次训练、强化，把一个个"问题少年"打造成了"优秀少年"，让被埋没的天才重新发光，这也是一种"刻意练习"。

在中国父母的传统观念中，天赋是一种可遇不可求的东西。可事实上，每位青少年都有其独特的天赋，只不过父母看不到、不在乎，甚至选择了扼杀。在这些错误的行径中，一些父母开始抱怨孩子不争气，比不上"别人家的孩子"，最后导致孩子沦为平庸之辈，而父母却理直气壮地认命。

不得不说，不恰当的家庭教育、青少年教育导致了一代人的成长压抑，且这种趋势依然在持续，甚至在恶化，这也让无数看清现实的教育者非常着急。

父母应该思考这样一个问题："为什么社会的成功者只有一小部分，大部分人都是平庸的？"很多父母可能会回答，因为这些成功者天赋异禀，生来就是天才。多年的教育经验告诉我这种观点是毫无根据的，比如爱因斯坦、庞加莱、牛顿等天才人物儿时都被老师说过笨，但他们的成就却惊艳了世界。父母需要重视的问题，不是孩子有没有天赋，而是如何引导孩子在擅长的领域刻意练习。

正如美国作家杰夫·科尔文在《哪来的天才》一书中曾明确提到，天赋论没有任何科学依据，真正让人成绩斐然，与平凡人拉开距离的是一种特殊的练习——刻意练习。

《刻意练习》的作者安德斯·艾利克森在研究了国际象棋大师、顶尖小提琴家、国际影星、体坛冠军等世界各领域的专家后，对刻意练习进行了这样的总结："刻意练习的观点是，那些处于中上水平的人，拥有一种较强的记忆能力——长时记忆[○]。长时记忆是区分卓越者与一般人的一个重要的能力，它才是刻意练习的指向与本质。"艾利克森提到的长时记忆便是父母眼中的天赋，而有天赋的孩子更需要刻意练习，因为刻意练习是保持天赋"长时效"的唯一方法。

刻意练习拥有一套黄金法则，这套法则分为有目的的练习、提升身体与大脑的适应度，以及不断强化三个部分。

有目的的练习。有针对性地强化练习可以迅速提高人类的学习能力与记忆力，对大脑的探索与开发有极大的益处。

例如，2006年我国青年学生吕超创造了无差错背诵圆周率至小数点后67890位的吉尼斯世界纪录，将人类大脑潜能开发到了一个全新的高度。这种针对性强化练习是人类实现既定目标的第一步，也是

○ 长时记忆（Long-term memory）是指存储时间在一分钟以上的记忆，一般能保持多年甚至终生。

激发个人潜力的关键一步。

艾利克森还曾做过这样一个实验，他为自己的好友史蒂夫读了 5 个数字，如果史蒂夫一次性记住了，艾利克森便把数字增加到 6 个，如果史蒂夫又记住了，则继续增加到 7 个，以此类推，每天保持练习。结果在练习了短短一周后，史蒂夫已经可以轻松记住超过 80 个数字，远远超出了正常人的水平，更重要的是这个实验并没有占用艾利克森和史蒂夫太多的时间。这足以证明，有目的的练习可以快速、有效提升人类某一方面的能力。

提升身体与大脑的适应度。很久以前，科学家便证明了人类大脑与人类肌肉一样，经过锻炼会更加强大。而刻意练习不仅可以强化人类的大脑，还可以提升身体与大脑的适应度。比如重庆的出租车司机，其导航能力、驾驶能力令所有乘客称奇。无论路况多么复杂，人流多么拥堵，重庆司机都可以在各条道路轻松穿梭，这便是刻意练习的结果。在刻意练习的过程中，重庆出租车司机的大脑具备了超越导航软件的功能，身体可以轻松执行大脑中枢下达的命令，司机的驾驶习惯、驾驶动作完美解决了重庆的道路问题，这便是身体与大脑高度适应的表现。

不断强化。事实已经证明，这个社会中最杰出的人，一定是在刻意练习中花费最多时间的人，刻意练习再加上时间的加持，就是成为天才的主要路径，而不断强化也是保持天才状态的主要方法。一旦练习时间缩短，或停止了刻意练习，天才将迅速跟普通人一样，所以维持天才的最好方法是把刻意练习培养成生活习惯，培养成父母的教育方式。

　　这个世界的天才永远都是少数，原因当然不是有天赋的人数量少，而是懂得刻意练习的人不多。这世上哪有那么多天才，很多天才只是把别人喝咖啡的时间都用在了练习上而已。

05 | 好奇心定律：
堵不住的只能疏导

在见证过无数青少年的成长后，我认为当代青少年并不缺少天赋，缺少的不过是让心智成长的空间与路径。引导孩子心智成长的因素是什么？是好奇心。好奇心是孩子探索世界的强烈欲望，是其天马行空的想象力。那为何随着孩子的成长，其好奇心却越来越少？因为大多数父母都把孩子的好奇心扼杀在了萌芽状态。

有些父母扼杀了孩子的好奇心，又希望孩子保持强烈的探索欲、求知欲，于是问我该如何让孩子既听话又不失主动性。我不得不向这些父母解释，父母所期望的是一种矛盾状态，孩子就是因为过于听话而失去了主动性；解决问题的关键不在孩子，而是父母能否归还给孩子探索的权利。

我希望更多父母及时意识到孩子好奇心的重要性，剥夺孩子的好奇心等同于消磨孩子的求知欲。爱因斯坦在回顾自己的生平时曾说过："我17岁进入苏黎世联邦理工学院，为了应付学业不得不把很多废物塞进自己的大脑，这一年我失去了对科学问题思考的兴趣，这是我人生中的一大损失。"由此可见好奇心在天才眼中的重要性。

令人惋惜的是，目前依然有很多父母无法意识到孩子好奇心的重要性，也不在意自己的教育方式是否抑制了孩子的好奇心。比如孩子打碎了家中的花瓶，不少父母的第一反应是心疼，得知孩子打碎花瓶的原因竟然是"我想知道它有多结实"时，情绪瞬间爆发。这个时候，父母只关注花瓶的价值，却没有关注孩子的好奇心，仅仅是发怒时的表情，便会让孩子认定"探索未知领域"是一种错误的行为。

我不否认孩子这种行为是不对的，这类破坏性探索不值得鼓励。我只是想表达，父母解决这类问题的方式是多种多样的，有很多方式可以引导孩子的好奇心向正确的途径上发展，可大多数父母却选择了堵塞的方式，让教育性质产生了变化。青少年好奇心的发展有一个定律：百堵不如一疏。

有时候孩子的好奇心在一条路径上被堵塞后，他们就会寻找其他出口，在其他领域，用其他方式"搞破坏"，针对这类情况父母便开始焦虑孩子的"屡教不改"；最可怕的是父母强行抑制了孩子的好奇心，让孩子陷入一种"乖巧""听话"的状态，对这个世界的精彩视若无物，对生活的光怪陆离熟视无睹，这就注定了孩子的一生很难多彩多姿。

父母应当学会正确对待孩子的好奇心，引导青少年健康成长。为何孩子的好奇心容易与破坏欲画上等号？父母又为何喜欢遏制青少年好奇心的发展？其实这都是人类的本能反应。

首先，青少年在成长过程中会对各种新鲜事物产生好奇，这是人类甚至所有动物的天性。孩子感到好奇时的第一反应是提问，向父母提问。如提问无果，或得到的答案不能说服自己，青少年便会自己去了解、探索，因为这种行为充满了乐趣。

其次，父母遏制孩子好奇心的行为大多出于保护欲。孩子探索未知事物时并不能确定它的危险性，探索过程中受到伤害是父母最担心的状况，所以很多父母选择用强硬的方式制止孩子的探索行为。

我非常理解父母对孩子的保护欲，也懂得为人父母的不易。孩子在成长中会对各种事物产生探索欲，却又缺乏自我保护能力，即便父母不想遏制孩子的好奇心，但碍于时间与精力有限，在无法保护孩子安全时父母只能退而求其次，制止孩子的探索行为。

不过保护孩子并非只有堵塞好奇心这一条路可选，正确的方式应当是引导孩子在探索世界时学会保护自己。正如很多父母喜欢教育孩子学狐狸，因为狐狸狡黠，在森林里表现得游刃有余。可我更希望青少年多学学刺猬，在探索世界时可以随时随地保护自己。

事实上，刺猬是一种非常聪明的动物。古希腊就有一则关于刺猬与狐狸的寓言故事，在故事中聪明的狐狸为了抓住刺猬使用了偷袭、猛扑、装死等各种招数，但每次都无功而返。因为刺猬更聪明，它在探索世界的时候始终记得"完美"地做好一件事——保护自己。父母可以告诉孩子，在行动时，应当像刺猬那样，在行动过程中保持较高的防备心理，这种方式有助于不断提高探索深度，且能保护好自己。

引导孩子正确对待自己的好奇心，可以从引导其探索关键点开始。

孩子的好奇心大多表现为"为什么会这样"，父母可以为其解释原理，但大多数孩子并不能及时理解，反而会继续提问。对于这种状况，父母可以尝试将孩子的好奇心引导到解决这些问题的范围内。

例如，哈佛大学第 27 任校长萨默斯的家族全球著名，萨默斯全家共获得了 3 项诺贝尔奖，家族中拥有数十位各领域的社会精英。

萨默斯 2 岁时认清了马路上所有汽车的型号，7 岁时可以轻松背诵美国内阁名单，9 岁时在辩论赛上战胜了自己的老师，19 岁时战胜了诺贝尔奖得主的舅舅，成年后就任了美国财政部部长，之后成了哈佛大学校长。萨默斯回顾自己的成长经历时表示，自己取得的成就很大一部分归功于父母。父母不仅让其看到了这个世界的精彩，更引导其发现了世界为何如此精彩。

比如萨默斯上小学时路上遇到堵车，他会问为什么会堵车，父母会耐心解释堵车的原因，随后马上向萨默斯提问："你有什么办法让这条路不再堵车？"

正是这种引导萨默斯好奇心走向的方式，让萨默斯养成了探究问题关键点的习惯，在各种探索中萨默斯不断提高自己的能力，最终获得了巨大的成就。

青少年的好奇心如同灵感一般瞬间迸发，且不受领域和思维限制。很多时候，对于孩子的发问父母并不能准确回答，这时父母可以引导孩子好奇心的走向，把好奇心转变为求知欲，转化为解决问题的实际行动。

比如孩子看到高铁时会向父母提问：为什么高铁速度这么快？如果父母为孩子解释磁悬浮原理、解释高铁铁轨的路线设计，只会引发孩子更多的为什么。有些父母则会回答"你长大了就知道了""你好好学习就知道了"。这些回答既无法满足孩子的好奇心也无法激起孩子的求知欲。

当父母无法满足孩子的好奇心时，应当引导其探索，并陪伴孩子寻找答案。比如"虽然我不清楚，但我认为高铁是因为动力更足才能够这么快的，你认为呢？"

这种回答方式既引导了思考过程，又关注了探索结果，对孩子好奇心的引导更加有效。

父母在平时，可以从以下这几个方面引导和保护孩子的好奇心。

> ● 让孩子多动手，多动手能激发孩子的创造力。
>
> ● 父母应该多问孩子为什么。父母的问题能引发孩子的思考。
>
> ● 保持耐心沟通，孩子问题问得再多，也不要轻易搪塞，不能回答的要老实告诉孩子不知道。

好奇心能够带给孩子成长的满足感，无论是消遣性好奇还是真实求知都会带给孩子成长的收获。父母对待孩子好奇心的策略不是堵塞其迸发，可以尝试让孩子在安全、正确的方向保持更多的好奇心，很多时候孩子一时的探索会转化为一生的追求。

　　如果在成长的过程中，完全被外在的东西充斥，那孩子肯定会丧失好奇心。例如，在鞭子的抽打下学习钢琴，在分数、名次的压力下去死记硬背。这样他们就不是在肯定自己，而是在否定自己。他们就不会感到幸福，而会感到不幸。只有保持好奇心，主动成长，才是真正的成长。

06 | 这些家庭教育的坑，你是否深陷其中

很多人穷尽一生，只为给孩子提供最好的成长条件。在这种心态下，总有一些父母会忘却教育孩子的初衷，忘却让孩子成长的正确方式。比如前些年登上热搜的"父母为给孩子提供更舒适的学习环境，斥资千万元买下幼儿园"事件，是应该评价父母良苦用心呢，还是应该批评父母剥夺了孩子独立的权利呢？

我希望父母看清一个事实，孩子终将靠一己之力去面对人生，父母应该在有限的时间内教会孩子独立、自强，让孩子学会在逆境中成长。如此，孩子才不会成为巨婴，才能享受独立与自由。

在此，我不禁想问，当代家庭教育的坑，各位父母是否深陷其中呢？

▶▶ 以分数定优劣

应试教育最大的短板不是占用了孩子大量的成长时间，而是导致父母养成了以考试分数评定孩子优劣的恶习。不知不觉中，家长之间

探讨的话题已离不开考试分数，分数不高的家长因虚荣心硬逼孩子为自己找回面子。更有甚者，部分家长把分数认定为孩子智力的衡量标准，认定为孩子学习能力的关键指标，导致孩子的其他优点完全被忽视，最终舍本逐末，让孩子在小小年纪失去了自我。

父母培养孩子的目的不仅是让孩子考一所好大学，更要使其成为拥有健全的人格和心智的人，使其拥有支撑未来美好生活的能力。

读书不应该是孩子非做不可的事，而应该是孩子想做的事。读书不是为了考试，而是为了成为更好的人。让孩子立大志、明大德、成大才、担大任，才是父母的首要责任。

▶▶ 自己无能却要求孩子出众

有些父母喜欢把自己未完成的梦想、未达到的高度强加到孩子的人生中。这些父母打着"让孩子赢在起跑线"的名号"增加孩子起跑时的负重"。孩子背负着父母的理想艰难成长，这对孩子是一件不公且悲哀的事情。最可怕的是这类父母在孩子小时候便对其进行"道德绑架"。

"爸爸妈妈这么做就是为了让你获得幸福，你一定要体谅我们的良苦用心。"

"孩子，大学毕业后你就轻松了。"

……

每当遇到这类情况我都想问："你们这样欺骗自己，欺骗孩子，心不会痛吗？"

父母无能不是父母让孩子负重的借口，请这些父母给予孩子最基本的尊重，让孩子享受自己的人生。

▶▶ 重视身体健康，忽视心理健康

有些父母对孩子身体的关怀无微不至，但对孩子的心理却一无所知。他们对孩子嘘寒问暖时不懂得问一句"今天心情如何"，对孩子体贴入微时也不关注孩子的表情。这导致孩子身体强壮但内心脆弱，久而久之孩子的情绪、心态、性格就容易出现各类问题。

2020年，我国权威教育机构通过调查研究发现，在我国青少年当中，有心理和行为问题的初中生约为15%，高中生约为19%，大学生约为25%。引发这种状况的主要原因是父母不懂得进行心理辅导，导致青少年心理障碍频发。孩子的成长体现在身体、思维、心态、性格等方面，"取其一，而忘其本"当然属于不负责任的表现。

▶▶ 揠苗助长式教育

孩子身体、心智、情绪的发展需要遵循一定的规律与节奏。不少父母喜欢"揠苗助长"，尤其在"别人家孩子"的激励下，父母不断提升孩子的成长标准，导致孩子在成长过程中疲于奔命，苦不堪言。

▶▶ 放宽对自己的要求，严格要求孩子

家庭教育的主要方式为言传身教，且身教效果优于言传。部分父母完全没有意识到身教的意义，只懂得"好言相劝"，发现无效时便"恶语相加"，却不知孩子早期的成长更多的是模仿父母的行为。父母不懂得自我要求，却严格要求孩子，这种"双标"行为只会让孩子越发迷惘，越发自卑。

▶▶ 滥用惩罚

部分父母认为"孩子不能夸只能罚"，因为夸多了孩子会骄傲，会不思进取，而惩罚是一种鞭策，会让孩子不断进步。殊不知，惩罚代表着伤害，不断的惩罚代表着伤害的积累，量的积累必然会导致质的突变，当父母发现孩子产生变化时往往为时已晚，只能饱尝"惩罚的恶果"。

有些父母惩罚孩子的方式过于极端，包括用语言讽刺孩子、伤害孩子的身体、折磨孩子的内心等。这导致孩子幼小的心灵遭受巨大冲击，在成长过程中出现各类性格、精神问题。

▶▶ 不懂得因材施教

当然，父母中也不乏一些积极主动、喜欢学习的类型。这些父母会搜罗各种看起来很正确的教育观点，随后不断在孩子身上实验。这

导致孩子在成长过程中一直在模仿他人，逐渐失去自主意识，进入完全按照父母指示行动的被动状态。

　　每个孩子都是独一无二的存在，对待孩子应当因材施教，根据孩子的性格特点让其找到自我发展的道路。他人成功的路径可以借鉴，却不可复制，让孩子找到属于自己的成才之路才能激发其积极性与主动性。

　　我坚信父母的爱是无私的爱，是广博的爱，但我更希望父母把对孩子的爱转变为智慧的爱、自由的爱。把孩子当作独特的存在看待，放弃主导孩子人生的思维，以旁观者、垫脚石的姿态给予更多的陪伴，父母才能成为爱孩子最深的人，而不是伤孩子最深的人。

第 ② 章

你是孩子的垫脚石，还是拖油瓶

　　每个孩子都是带着本自具足的光芒与爱来到人间的。作为父母，我们要做的不是安排和摧残，而是如开发宝藏一般，去发掘孩子这些如钻石一般的品质。我们要让孩子明白，生活不只是眼前的苟且，还有诗和远方。这不只是一句聊以慰藉的鸡汤，更是父母应给予孩子的力量。

01 | 你的辉煌才是孩子的起点

　　"让孩子赢在起跑线上"是很多父母的共识。为此，无数父母倾尽所有，学区房、名师家教、兴趣班等统统安排起来，无形中增加了孩子的压力，也增加了父母的压力。可很多时候我们却发现，父母越拼孩子反而越弱，甚至父母太拼命，为孩子创造了太好的条件，一些孩子却沦落到不思进取、贪图享受的地步。

　　父母拼尽全力，孩子却输在了起跑线上，这是所有父母都不愿看到的。其实孩子都有一颗进取之心，都想跑得更快、更远。不过有些父母错误地设置了孩子的起跑线，才导致南辕北辙的结局。

　　我曾分析过近代国内外青少年教育、家庭教育的理念与代表性案例，那些成就卓越的青少年不会因家庭条件而放慢个人成长，反而在少年时期便学会了为家庭付出，不向家庭索取，主动承担责任。与之对比，有些青少年缺少主动性与自立性，这导致了其成长受阻。

　　硅谷投资人、国家图书馆文津图书奖得主吴军博士在《格局》一书中曾提到过这样一个观点，真正影响人类成长的因素是内在的智者见识、正确态度、心智空间，以及人生法则，而生活条件不过是一种环境干扰。我很认同这个观点，我觉得这是父母与孩子应该及时了解的成功法则，也是父母教育、孩子成长的方向。父母秉持这一理念进行教育，孩子遵循这一理念成长，孩子就会展现出不一样的面貌。

"让孩子赢在起跑线上"绝不是让孩子赢在生活条件与考试成绩上，而是为孩子找到更高的人生起点。

何为孩子的高起点呢？我们都知道，牛顿说如果自己看得比别人更远些，那是因为他站在巨人的肩膀上。孩子的高起点绝不是父母提供的外在条件，而是父母俯身充当孩子的垫脚石，让孩子看到更远、更靓丽的风景。

孩子最好的私教是父母的言传身教，父母的成就以及父母的眼界和格局才是孩子的高起点，是孩子赢在起跑线上的宝贵财富。

我相信会有很多朋友提出反对意见。因为我们看过不少寒门子弟出人头地的故事。尤其是在清华大学、北京大学历年的录取学生中，都不乏这类代表。但真正了解过这些生活贫困、艰苦的孩子的成长经历后，我们会发现他们的人生观、世界观、价值观受到了父母积极而深远的影响。

例如，2019 年被清华大学录取的林万东的家庭条件非常艰苦，接到清华大学录取通知书的时候，林万东和母亲正在工地搬砖。林万东的母亲学历并不高，但却是远近闻名的"勤快人"，她的坚强、乐观早早为林万东树立了正确的价值观与崇高的人生观，这也是林万东坚信"唯有自强不息，我们才会有日后的无限可能"的原因。

父母帮孩子定位更高的人生起点，首要的关注点不是孩子，而是自己，审视自己是否对孩子产生了积极影响，思考自己是否能够成为孩子的"垫脚石"。

观察当代家庭教育现状，我们不难看出父母主要分为四种类型。

第一种是健康型父母。这类父母懂得以身作则、言传身教，主要通过引导、影响的方式教育孩子。这类父母值得大多数父母学习、借鉴。

第二种是普通型父母。这类父母虽然懂得教育孩子的道理，却未必能运用正确的教育方式。他们对孩子主要采用语言进行教育，孩子接受教育的程度难以控制，一些伤害孩子心智的情况时有发生，且随着孩子年龄的增长，教育效果会不断弱化。

第三种是溺爱型父母。这类父母对孩子过于溺爱，导致孩子毫无人生目标，甚至不明是非，不分对错，自理能力几乎完全丧失，自然难以融入社会。

第四种是控制型父母。四种父母中最可怕的正是控制型父母。这类父母打着爱孩子的名义而放纵自己的控制欲，导致孩子缺乏生活主见、失去了人生乐趣。最终孩子或麻木妥协，或极端叛逆。

在以上四种父母类型中，健康型父母可以大幅提高孩子的起点，开阔孩子的眼界，给予孩子正确的指引。因为他们懂得给予孩子空间，保护孩子的天性，并且在这一过程中规范孩子的品德，使用的方式往往是身教多于言传。

普通型父母是当下社会中比较常见的父母。这类父母对孩子有较高期望，却由于自身原因而无法给予孩子更高的起点。因为这类父母虽然对更好的生活充满期望，却很难付之于实际行动，不懂得以身作则。当这种人生模板摆在孩子面前时，孩子自身的成长自然会受到限制。

溺爱型父母并不少见。自然这类父母往往会给予孩子十分优厚的生活条件，却拉低了孩子的人生起点。被溺爱的孩子往往难以树立正确的人生观，缺乏对未来的规划，没有明确的奋斗目标。在融入群体、进入社会时他们会屡屡碰壁，不仅自信心会遭受打击，且容易遭到他人排挤。

控制型父母相对较少，但这类父母对孩子的影响最恶劣，因为这类父母自身心智不健全，性格存在缺陷，且教育方式过于蛮横，甚至为所欲为，最终把孩子毁在人生起点上。

所有人都有做父母的权利，但并非所有人都可以成为优秀的父母。优秀的父母懂得为孩子的人生打造坚实的基础，而不将孩子视为附属品。优秀的父母在把孩子扛上肩膀、举过头顶的过程中，会让孩子学会成长，学会看得更高、走得更远。

● 父母要把自己想象为孩子往前走的阶梯，自己要踏踏实实做好支撑，而不应该俯视孩子，将孩子看作自己的附属品。

● 平时沟通时，父母要学会平视孩子，最好是坐下来、蹲下来，与孩子对视，让孩子感觉到他是被尊重的。

● 父母只是托举孩子向上的前辈，每一代人都是这么过来的，孩子的路还得孩子自己走，不要过多去代替孩子做事情。即使是看着很简单的事情，也要让孩子自己去探索。

02 | 在输得起的年纪，允许孩子走一段弯路

　　一个人的成功往往建立在无数的失败之上，如果一个人不懂得如何面对失败，那他很难获得成功。这个道理同样适用于青少年的成长，没有哪个孩子是生来就只会成功的，他需要在困难和失败中不断磨炼，才有希望找到正确的路。

　　相比成年后再经历碰壁，不如在青少年时就经历摸爬滚打。因为年轻意味着拥有更多的机会，孩子可以在失败中学会如何成长。成年后，每个人都需要承担太多责任，社会给我们走出失败的机会就越来越少。

　　可惜很多父母对这个浅显的道理置若罔闻，因为自己"输不起"，所以强行要求孩子不能输。在虚荣心的推动下，这些父母不断督促、鞭策孩子，不断放大失败的后果。这让孩子对失败的恐惧逐渐加深，逐渐形成了懦弱、逃避的性格。

　　胜者教育第 40 期"胜者少年特训营"中有一位运动健儿，这个男孩是一个乒乓球爱好者，父母二人非常尊重孩子的选择，鼓励其发

展自身特长，并聘请了专业乒乓球运动员对其进行指导。

我对这个男孩的印象非常深刻，因为他刚来到胜者教育时，性格十分内向，完全没有运动男孩的气质。男孩的父母向我形容孩子曾经多么阳光积极及获得过哪些荣誉时。我甚至怀疑我看到的和父母描述的是不是同一个孩子。

认真了解过孩子的成长经历后我才知道，这个男孩小学一年级便在乒乓球场上所向披靡，小小年纪便参加了众多大型赛事。不过在四年级时，在一场重要比赛中，他在首轮便遭到淘汰，自此彻底失去自信心，一蹶不振，不仅丧失了对乒乓球的兴趣，生活态度都变得消极了。

一个学期过后，孩子向父母提出了退学的请求，理由是没有颜面留在学校。父母当然没有同意，但男孩自此整日沉迷于网络游戏，生活过得浑浑噩噩。

了解到这一情况后，我并没有急着对孩子进行开导，而是和孩子的父母进行了深入沟通。我更相信问题出在父母身上，因为这个男孩对待失败的态度完全不正常，我想了解他在成长中究竟经历了怎样的价值观教育。

在和男生的父母深聊之后，我发现这对父母生性好强，教育孩子的方式过于强硬。男孩的父亲认为，事情可以不做，如果做就要做到最好。于是这位父亲给孩子买最高档的球拍，请最好的教练，并不断灌输"赛场中只有冠军，冠军之外都是失败者"的思想。男孩对父亲的教导深信不疑，久而久之，他对乒乓球的热爱就转变为对失败的恐惧。这次的失败成了压垮孩子的最后一根稻草，孩子内心积压了四年的问题才爆发出来。

对于成年人来说，失败并不是多么可怕的事情，这不是因为成年人的心理素质更强，而是因为成年人经历过太多失败，知道如何面对失败，清楚如何保持坚强。这本是一种宝贵的品质，但很多父母却无意间将其从孩子身上剥夺走了。如果父母一直对孩子灌输"赢才是唯一的出路"的思想，孩子将越发惧怕失败，逐渐学会逃避，只喜欢做有把握的事，丧失对未知领域的探索欲与新鲜感。因为他们输不起，无法接受失败的事实。

很多父母喜欢在孩子失败时批评孩子的错误或失误，指出孩子失败的原因，并用惩罚的方式责令孩子改正错误。这种方式的确可以让孩子及时改正当下的错误，但很难从失败中成长。另外，某些父母批评孩子的原因竟然是父母自己输不起，认为孩子失败后父母在朋友、同事面前没了面子。在这种心态下，这些父母开始剥夺孩子失败的权利，最终导致孩子无法学会如何面对失败，如何战胜失败。

正是看到太多孩子正在接受类似的错误教育，我才倡导更多父母在孩子输得起的年纪，允许其多走一段弯路。因为教会孩子"输得起"远比教会他们"如何赢"更重要。失败并不可怕，真正可怕的是孩子输不起，不敢直面失败。

当父母因为自己"想赢"而教育孩子"不能输"时，父母自私的心态便表现得一览无余。而当父母允许孩子失败，并鼓励孩子战胜失败时，孩子才可以学会如何赢得未来。

2019 年，安徽省霍邱县的周桐同学因为一场意外车祸，永远失去了自己左小腿，同时也错过了中科大少年班的选拔。一时间命运仿佛和他开了一个天大的玩笑。

出院后不久，周桐拄着双拐的身影便出现在了校园，周桐对身边的人说："既然过去挽回不了，我就要勇敢向前看。"2021 年，周桐以 684 分的高考分数位列安徽省理科考生排行榜的第 171 名，并顺利考入了自己喜欢的大学。

周桐出生在一个贫困家庭，他从小看到的便是父母辛劳的身影，但父母从没在周桐面前叫过苦，反而默默承担着生活重担。在成长过程中，周桐从小便学会了帮父母分担家庭压力。最初周桐也会表现得笨手笨脚，也有好心帮倒忙的经历，但父母从未指责过周桐，也没有因为错误、失败责骂过他，反而给予他无限的鼓励，所以周桐早早就具备了直面失败的能力。

奥运冠军邓亚萍听到周桐的事迹后还特地与他进行视频通话，邓亚萍鼓励周桐："生活中的不如意十分平常，但希望你能够把专注力集中在解决问题上，而不要困在情绪中。"相信周桐也深切体会到了这句话的含义，他的未来将更加精彩。

回过头来我又想到了自己帮助过的众多青少年，这些孩子的父母期盼着我教会孩子如何取得成功，而我的方式却是让孩子学会面对失败，这是正确的教育方式。如果一个人不曾失败，只能代表他未曾尝试去把握机会，未曾尝试追求成功。

　　孩子是否可以成长为一个成功的人，很大程度取决于他在成长中是否学会了面对挫折与失败，父母是否教会了他"输得起现在，赢得了未来"。

　　我可以笃定地告诉父母，大多数孩子并不害怕失败，怕的只是父母的抱怨、批评与惩罚，甚至担心父母因自己的失败而不再爱自己。如果在孩子遭遇失败时父母只懂得发脾气、批评、惩罚，那么孩子会认为父母的爱是有条件的爱，父母只会爱成功的孩子。这时，孩子对失败的恐惧会加深，有的孩子会想尽一切办法掩盖失败的事实，甚至学会撒谎。

　　孩子的失败并不可怕，可怕的是父母因孩子的失败而产生负面情绪。这种方式加深了孩子对失败的恐惧，增加了孩子的愧疚感，久而久之便会让孩子丧失面对失败的勇气。

　　很多父母喜欢用伟人的经历教育孩子，却没有意识到，这些伟人的成功是千百次失败的积累。爱迪生发明电灯时就经历了 1600 多次失败，但经过这 1600 多次失败后爱迪生终于成功，他的发明改变了人类的生活。当被问及经历了 1600 多次失败做何感想时，爱迪生只简单说了一句"我只是知道了这 1600 多种材料不能做灯丝而已"。

　　很多父母喜欢用爱迪生教育孩子"失败并不可怕，可怕的是放弃与认输"，我更希望父母用爱迪生的理念审视一下自己，既然失败不可怕，为何你要因为孩子的失败而发泄不满情绪呢？

如果可以，父母应该多给孩子一些成长的机会，体验挫折和失败。

> ● 给孩子划出底线，给孩子更多的容错空间，只要不跨越底线，就可以让孩子多尝试。
>
> ● 引导孩子直面挫折和失败，善于把挫折和失败当成成长的机会。
>
> ● 父母在遇到失败时，能做好榜样。
>
> ● 给孩子决策的权利，同时要引导其分析利弊，做好承受失败的心理准备。

我再借用著名教育学家李希贵的一句话："教会孩子从'追求赢'到'学会输'，决定孩子一生的命运。"孩子的失败即父母的失败，父母拥有面对失败的正确态度，孩子才能学会在失败中成长。在输得起的年纪允许孩子走一些弯路，孩子未来的路才更加平坦，在不怕痛的年纪让孩子面对一些荆棘，孩子才能够学会一往无前，这是父母应有的态度与作为。

03 | 不要因为自己"想赢"，
     就教育孩子"不能输"

有一句关于家庭教育的至理名言，这句话真切地表达了父母教育孩子的心理与思维，这就是"父母的终点便是孩子的起点"。

很多父母喜欢把自己未完成的梦想强加给孩子，把自身未能达到的高度设定为孩子的人生目标。这些父母会以爱的名义强制孩子为此努力，殊不知这些"美满"的结果，只不过是父母自我恐惧的另一面。

我曾遇到过这样一对母子。母亲在商海打拼多年，给了孩子很好的生活条件，但孩子却很叛逆。在与这对母子的沟通交流中，我发现这位母亲表现得过于自我，仿佛孩子是自己的附属品。母亲不断强调"我这么做都是为了你好""我为你付出这么多，你为什么不理解呢""我这么做就是想让你将来少走弯路"。

相信大多数父母都有类似的经历，却不知这些看似至情至理的语言在孩子眼中却有另外一层含义。以"我这么做都是为了你好"为例，在孩子听来，这句话的潜在含义为"你应该理解我的做法，按照我的指示去行动，无论你乐意与否都要去执行，因为我的动机与出发点是好的，所以你没有任何反驳的权利"。我们能很明显地看出来，这类语言比批评更具有伤害性，因为这是一种情感绑架，是一种隐形的精神控制。其实在大多数时候，在孩子眼里，父母所谓的"为你好"，却会让很多孩子感觉很厌烦。它剥夺了孩子的主观意识与行动权利，破坏了孩子对幸福的认知，消磨了孩子对父母的信任。

最严重的是大多数父母在情感绑架时却不自知，反而因孩子的一时屈服而变本加厉，最终必然毁掉孩子健全的人格。

在这对母子中，母亲的行为正是典型的"情感绑架"，孩子苦不堪言，只能用叛逆、堕落的方式来对抗。我时常和需要帮助的父母强调"世界上没有教育不好的孩子，只有在教育方面失职的父母"，孩子的本性是善良、纯真的，而父母却因自己的欲望耽误了孩子的成长。

很多父母在教育孩子时容易陷入这类误区，自己口中的"爱"，事实上却是孩子心中的"痛"。有的时候，父母想要的东西，只不过是自我恐惧的另一面。

例如，父母想要孩子成功，其实是恐惧面对孩子的失败；父母想要让孩子成才，其实是惧怕面对孩子平庸的人生。因为这些恐惧，无数父母走上了情感绑架的道路。

我在多年的家庭教育中发现，对孩子实施情感绑架的父母主要分为三类。第一类是实施暴力绑架的父母。这类父母最为常见，以"为你好"的名义对孩子提出无数要求，一旦孩子稍不顺从便实施各种惩罚，甚至打骂。在这种暴力的情感绑架下，孩子往往会走向两个极端。

一是自此毫无主见，行尸走肉般对父母完全顺从；二是极端叛逆，用这种堕落的方式进行反抗。

　　第二类是打击型情感绑架的父母。这类父母会先给予孩子一点点反抗的空间，然后针对孩子的错误、失误进行强烈的打击、批判。比如，当孩子与父母的意见相悖时，这类父母会允许孩子按照自己的方式进行尝试，但不会给予提醒与帮助，反而等待孩子的失误或错误出现。一旦失误或错误出现，这类父母便开始进行各种打击、批评，最后以"早点听话就好了"展开精神控制。

　　不得不说，这类父母的控制欲极强，他们利用孩子的失误来树立自身正确的形象，进而论证自己观点的正确性。孩子在这种教育方式下自信心受挫十分严重，且内心压抑、孤独，以致出现各种性格缺陷。

　　第三类是悲情型情感绑架的父母。这类父母喜欢在孩子面前上演"悲情大戏"。具体表现为每当孩子表达反对意见时，父母便开始哭诉自己的艰辛与不易，力求通过这种方式让孩子愧疚与自责。这类父母深得情感绑架的精髓，正如苏珊·福沃德在《情感勒索》里提到的，勒索者知道我们关心和尊敬谁，会将他们全都笼络过去，让我们顿感孤独和挫败。悲情型情感绑架的父母正是利用孩子对父母的尊敬与挚爱，让其放弃自己的选择。在这种"情感大戏"的影响下，孩子的性格越发自卑，逐渐成为父母、家庭的傀儡。

　　不得不承认，现代家庭中情感绑架的情况还在不断上演。父母恐惧的因素越多，对孩子的要求就越多，情感绑架的程度也越深。当父母意识到孩子的性格出现问题时，孩子早已深受其害，无可挽回。

　　每个孩子都应该拥有自己的人生，父母没有实现的目标不应让孩子去实现，一旦爱有了条件，那么父母与孩子都会成为彼此的负担，终将渐行渐远。

04 | 与其要求孩子，
      不如先要求自己

《孟子》有云"先觉觉后觉"，意为自己没有觉悟又该如何让他人有觉悟呢？父母如果没有自爱而后爱人、自知而后知人、自育而后育人的认知，又如何能引导孩子健康成长呢？

我发现现在普遍存在这样一类父母：自己异常懒惰，却要求孩子日益勤奋；自己游手好闲，却要求孩子积极上进；自己杂乱无章，却要求孩子井井有条；自己安于平庸，却要求孩子出人头地。最令人气愤的是，这些父母还会苦口婆心地激励孩子："正是因为我饱尝了懒惰、不自律、平庸的苦，所以才希望你不再走上这条老路。"

这种看似合情合理的家庭教育其实对孩子的成长并无帮助，孩子只会感觉越发迷惘。

在我看来，父母的这种双标行为也是对孩子的不尊重，正如美国心理学家爱德华·桑戴克所说："不尊重孩子的人格、不讲民主等因素会直接影响孩子的学习与人生。"在这种教育状态下，即便孩子不甘于平庸的人生，也难以找到走向卓越的路径，且时刻受父母的负能量浸染，孩子在不知不觉中会养成各种恶习。

这类情况在当代社会并不少见，孩子最终被"全家的希望"压倒、压垮，努力过后依然背负"不争气"的罪名。我希望父母及时醒悟，望子成龙并无过错，但父母也要为孩子营造"成龙"的环境。如果家庭犹如一汪泥潭，又怎能怪孩子深陷其中呢？

2020 年，在朋友的介绍下一位母亲来到胜者教育找我帮忙。这位母亲的诉求是解决孩子厌学的问题，她的儿子初中未上完便辍学在家，无论她如何劝解、逼迫，儿子就是提不起学习兴趣。在与这位母亲沟通的过程中我发现，她非常喜欢提及"别人家的孩子"，但从未用"别人家的父母"对比自己。

我不禁问道："您平时是如何辅导孩子学习的？"这位母亲回答："我的能力有限，辅导不了。补习班倒是给孩子报了不少，可孩子就是学不进去。"我感觉这似乎是父母的通病，很多父母认为自己有监督、约束、批评的权利，却忘记了自己引导、帮助的义务。父母或许无法辅导孩子学习，但可以引导、陪伴、鼓励孩子学习，一味选择批评、鞭策，孩子只会更加叛逆。

我希望父母先学会自觉，用"先觉"带动孩子的"后觉、后行"，因为"其身正，不令而行；其身不正，虽令不从"。孩子优秀与否在很大程度上与父母的言传身教相关，与其要求孩子出人头地，不如自己做好表率。我国台湾教育学家蔡礼旭在《做孩子一生的贵人》一书中也提到这样一个观点，"教育者要'勤于教学，勇于改过'"，父母以身作则，孩子则积极效仿。

另外，贴心的父母还懂得"知不足，勤思过"。"知不足"是指了解自己的缺点并及时改正，以便更好地引导孩子；"勤思过"是指勤于和孩子沟通，了解自己的错误。

目前，很多父母可以发现自己的不足，却很难发现自己的过错，很容易陷入一种"习气使然，浑然不知"的状态。比如生活中父母的一些不良习惯会对孩子产生伤害，父母自己很难察觉，孩子不敢及时指出，最终导致这种恶习持续影响孩子的成长。

父母应该明白，父母不为，孩子则无所可为。家庭教育即自我教育，父母只有以身作则，孩子才能够领悟成长的方法、学习的乐趣。

父母可以尝试从以下这几个方面着手去要求自己。

● 给孩子提要求时换位思考，自己是不是能达到这样的要求。

● 父母努力做到知行合一，说话要算话，做事情要有始有终。如果做不到有始有终，就要反思自己并改正。

● 给孩子设定的目标要合理，不能将所有的注意力都倾注在孩子身上，要给孩子适度的自由空间。

● 有所为，有所不为，父母替代不了孩子的体验，但可以将自己的经验分享给孩子，供其借鉴。

05 | "垫脚石"文化:
是砌阶梯,而不是背上去

    欧洲教育文化中有一句名言,"三代才能出一个贵族"。而我国传统文化中有一句"富不过三代"的俗语,这两种鲜明的文化差异究竟是如何形成的呢?

    我认真学习过欧洲的教育理念后发现,两者的观点并非背道而驰,反而是一种正反的相互论证。"三代才能出一个贵族"是教育的正向积累,家庭重视子女教育的方式方法,父母甘愿成为子女的垫脚石,经过日积月累,孩子便可能依靠家族底蕴成长为贵族;"富不过三代"是教育的逆向消耗,父母一旦忽视家庭教育的重要性,或使用错误的教育方法,底蕴丰厚的家族便走上下坡路,再殷实的家境也无法承受三代的挥霍。

    我提出过"垫脚石"文化,这种家庭教育理念恰恰可以诠释"三代才能出一个贵族"的内涵,也可以一改"富不过三代"的情况。同时"垫脚石"文化也是值得父母深思的教育思维,它可以带给孩子完全不同的成长经历。

所谓"垫脚石"，是指在攀爬人生这座高峰的过程中，父母可以在适当和关键的时候成为阶梯，帮助孩子渡过难关，以鼓励其继续向前，而不是背着孩子往前走。

父母大多"望子成龙，望女成凤"，期望子女成长为社会精英，可在子女的成长过程中却充当了"虎爸虎妈"的角色，采取了揠苗助长的"鸡娃教育⊖"。这种低质的教育方式对孩子的成长毫无助益，且会为社会发展埋下诸多隐患。

比较普遍的一种现象是，大多数父母希望孩子活成自己想象的样子，并按照自己设计的路线去规划孩子的人生。这种看似对孩子"负责"的行为却阻碍了孩子的成长，思想被"圈养"的子女很难超越父母的成就，甚至在成长过程中充满遗憾与不甘。

父母需要承认，当代家庭教育中本末倒置的观点比比皆是，孩子在父母的牵引下成长，人生很容易失去色彩。我坚信父母不仅要成为孩子的引路人，更需要化身为"垫脚石"。在充当孩子"垫脚石"的过程中，父母可以发现孩子的闪光点，可以提升孩子的主动性，可以加速孩子的成长，这正是助力孩子持续攀登人生高峰的正确方法。

"垫脚石"文化是我从军队的协作精神中感悟而来的。在我当兵的时候，有一项翻越4米高墙的训练任务，完成这项任务需要一名队员先充当"垫脚石"，让战友踩着自己的肩膀先爬上高墙，然后再帮

⊖　鸡娃教育是指望子成龙、望女成凤的父母对孩子进行的打鸡血式教育。为了提升孩子的学习成绩，这些"虎妈""狼爸"不断增加孩子的学习强度、学习压力，督促孩子不停拼搏，这种精神与身体双向高压的教育方式通常被称为鸡娃教育。

助自己实现翻越。

教育者需要用这种精神鞭策自己，唯有放低身段，在关键时刻为孩子"垫一下"，而不是自己代替孩子去体验，才能够帮助孩子实现超越，在成就孩子的同时，自己也获得成长。

很多父母自诩为孩子的"引路人"，高高在上地安排孩子的成长道路，结果却扼杀了孩子的天赋。

真正优秀的青少年不仅拥有优异的学习成绩，同时具备解决问题的能力和主人翁意识。当父母放弃高姿态的指手画脚，在孩子遇到挫折、感觉迷惘、准备放弃时为他们"垫一下"，给孩子一股向上的推动力时，孩子便可以在自我奋斗中找到成长方向，形成独立思想，并实现对同龄人的超越。

● 父母不妨改变高高在上的姿态，把自己视作孩子成长路上的陪伴者，这样便可以发现孩子成长的正确路径。这也是化身"垫脚石"的正确方法。

● 父母唯有愿做"垫脚石"，才能从一个新的角度突围，最大限度地激发孩子的自驱力和创造力，让他们找准目标，积极成长，从而成为这个时代的精英。

好的养育，
是
父母一直
在成长

　　父母追求安逸的生活本身并没有错，但追求安逸的生活不等于放弃自我成长，一旦父母停步不前，就会影响到孩子的成长。最好的养育不是父母督促孩子成长，而是父母带领孩子一同进步。

01 | 天天玩游戏的父母，
怎能养育出爱看书的孩子

经常有人问我："什么样的家庭教育才算好的教育？"思考许久后我发现，这个问题的答案因人而异，不可完全求同。如果一定要定一个基准，我想借用著名作家杨绛的一句话："好的教育首先是启发人的学习兴趣和学习的自觉性，培养人的上进心，引导人们好学和不断完善自己。要让学生在不知不觉中受教育。这方面榜样的作用很重要，言传不如身教。"

我认为这句话不仅是好的教育的答案，更是给父母敲的警钟。作为孩子的第一任老师，父母的一言一行都会潜移默化地影响孩子，可以说孩子的成长过程也是模仿父母的过程。

美国教育家高夫与托马斯写过一本关于父母心灵成长的书籍《遇见孩子，遇见更好的自己》，我非常认可书中提到的一个观点："研究表明，孩子们更多的是在向大人学习，所以一味地命令孩子、告诉他们应该何去何从的做法，效果其实并不好。"

　　当代家庭教育、青少年教育的成果也证明，监督、管教、鞭策其实是教育当中的下下之选。孩子越大，命令式语言收效越小，反而父母的身体力行、以身作则能够起到长期的教育效果。正如央视著名主持人董卿所说："你希望自己的孩子成为什么样的人，你就首先要去做一个什么样的人。"

　　道理浅显，可大多数父母无法理解，或理解却不愿践行。因为很多成年人结束求学生涯后选择了追求安逸的生活，选择放弃自我成长。有的人虽然生活忙碌，但精神却十分懒惰，最终活成了外表光鲜、精神匮乏的样子。

　　让孩子自己寻找成长、成才之路已是父母的失职，但有些父母还在用错误的行为影响孩子，之后抱怨孩子不努力、不争气。我曾特意针对性研究过这类父母的心理，发现这类父母大多沉浸在错误教育思维中而不自觉，美国著名心理治疗大师斯科特·派克有这样一句话："我们对现实的观念就像是一张地图，凭借这张地图，我们对人生的地形、地貌不断妥协和谈判。地图准确无误，我们就能确定自己的位置，知道要到什么地方，怎样到达那里；地图漏洞百出，我们就会迷失方向。"

　　很多父母在不到四十岁的年纪就停止了地图的绘制，却要求孩子按照这张不完整的地图寻找自己的人生，这当然会带来低下的教育效果。

　　我一直告诫各位父母，学生生涯的结束不等于人生探索的结束，孩子的出生就是人生的新起点。因为我们的学识水平、人生态度、生活方式、行为习惯被这个幼小的生命映照得一览无余，这个新生命还会为我们开辟出一片全新的未知领域。

归根结底，养育孩子最好的方式应该是父母陪伴孩子一同成长。如果父母都放弃进步、安于现状，又怎能激发孩子的主动性，让其超越自己呢？

为人父母，应当先陪伴，后引导；先做榜样，再做教鞭。在陪伴孩子成长的过程中，父母能够收获难以想象的幸福感。正如一位母亲在胜者教育结训大会上说过这样一句话："我越发感觉到，孩子是我的天使。"她不是因为孩子的成长令其感到骄傲，而是因为在学会陪伴孩子成长后，自己感觉终日沐浴阳光。

02 | 父母要认可
孩子的努力

　　如果父母能够在孩子学习知识后及时引导孩子消化吸收，那么孩子很容易成长为"优等生"；一旦父母把学习、成长任务全部压在孩子身上，以学习成绩评价孩子，则孩子的成长很容易受阻。

　　父母要能够体谅孩子的苦衷。学习成绩不理想并不完全是孩子的过错，很多时候是缺少"消化"的帮助，只要孩子努力了，就值得父母认可，值得父母宽容。以结果定优劣等同于否定了全部过程，否定了孩子的成长。我一直坚信"世界上没有不合格的孩子，只有不合格的父母"。

　　2020年，一位母亲将孩子送入胜者教育，希望我帮助其改变孩子厌学、消沉的状态。这位母亲在把孩子送到胜者教育的一刻起，便不停数落孩子的恶劣表现，并表达着自己"恨铁不成钢"的心情，而孩子始终表现得无动于衷。

　　看到这一状况，我着实对这位母亲感到失望，也对孩子倍感同情，我认为更需要帮助的人是这位母亲，而不是孩子。一个月过后，孩子在正确的引导下重新树立了人生目标，一改往日的学习态度，学习主动性、学习成绩显著提升。

母亲看到儿子发生的巨大转变后非常震惊，但随后却说了令我更为震惊的话。这位母亲说道："妈妈从没想过你能有如此大的转变，以后一定要继续努力，让妈妈在别人面前也能挺直腰板。"

听到这句话，我忍不住对这位母亲进行了严厉的批评。因为这句看似鼓励、欣慰的话语中包含了对孩子的不信任，更表达了自己错误的关注点。

父母对孩子的不信任，正是孩子不自信的根源，是孩子自卑的起点。这位母亲把孩子交给胜者教育是对我的信任，但她最应该信任的是孩子，相信孩子可以改变。

另外，这位母亲自始至终只关注结果，从未看到孩子的努力与付出。将孩子送到胜者教育之前，她已经养成了以结果评定孩子优劣的习惯；把孩子送到胜者教育后，期间她虽有过电话咨询，但询问更多的还是教育的效果；孩子结训后，母亲的关注点依然是未来的结果。正是这种错误的思维，让孩子十分委屈，因为最应该得到关注的过程被父母忽视，结果如何又怎样呢？冰心老师曾说过："成功的花，人们只惊羡它现时的明艳，谁知道它当初的芽儿，却浸透了奋斗的泪泉，洒遍了牺牲的血雨。"如果父母只为鲜花而骄傲，而忘记了孩子的付出与努力，那么，孩子的这朵花又有何绽放的意义呢？

很多父母保持着这种"残酷"的教育思维，忽视了孩子的付出，否定了孩子的点滴进步，扭曲了孩子的价值观、人生观。所以，我才坚信"世界上没有不合格的孩子，只有不合格的父母"。

《三字经》开篇写道"人之初，性本善"，内容耳熟能详，道理浅显易懂，但无数父母却不知其意。孩子的天性一定是积极向上的，哪怕成绩不佳，父母也不应否认孩子付出的努力。只有看到孩子的付出，重视孩子成长的过程，才能发现孩子成长的具体不足，才能引导孩子纠正错误，积极向上。

父母可以尝试做下面这些能让孩子感到受关注的行为。

> ● 对孩子做过的事情多给予鼓励，即使做得不尽如人意，也要给予关注和支持。
>
> ● 让孩子对自己的行为做出评价，不要过多评判孩子。
>
> ● 注意孩子的细微变化并及时表达出来，让孩子知道你在看着他。

03 | 自律的父母是 孩子最好的榜样

很多人对我说："张老师，有时候感觉你就像一个大孩子，总能轻松地融入孩子群体当中。"每当听到这样的评论我都会感觉骄傲，不过这不是我的性格特点所致，而是工作习惯所致。

我对青少年惯用的教育方法偏重影响，我喜欢用自己的语言、行为感染他们，而融入这个群体是基本前提。我觉得这种方式非常有效，尤其相比那些急不可耐又无从下手的父母，这种方式显得十分轻松。

其实教育有时候很简单，只要父母找到孩子受教的正确途径就能够在一言一行中起到良好的教育效果。孩子在 7 岁前实际上是一个观察者，父母以身作则，树立标杆，孩子很容易被影响。

我国教育学者汪园黔说过："家是责任的代名词，每位有责任感的父母，都会为了家庭的幸福而努力。父母做得好，孩子就能从中体会到做人的真谛。"

父母不仅是孩子的监护人和抚养者，更是孩子学习的榜样。父母经常为子女教育问题感到焦虑，殊不知纠正自身行为正是缓解教育焦虑的最佳方法。

我梳理过当代家庭教育、青少年教育的问题后，发现"不自律"已成为当代青少年的主要问题，而这一种现状的背后是父母的不自律。事实上，懂得自制、自律，生活井井有条的父母，孩子往往十分自律，解决孩子不自律的根本原因在于父母。

美国有一个著名的爱德华家族，祖孙八代的 600 多人中，有 13 人担任过大学校长，超过 100 人当上了教授，有 80 多位文学家、60 多位医生、20 多位议员、70 多位军官，另外还有一位大使和一位副总统。这样一个传奇的家族事实上过着非常普通的生活，真正令家族受益的是老爱德华的优良品质与家族传统。老爱德华是一位哲学家，睿智、勤勉、自律、自爱，在教育子女方面倾尽全力。爱德华的优良品质被一代代传承，家族成就自然不断取得突破。时至今日，爱德华家族依然是教育界的经典榜样。

爱德华家族并不是个例，在中国同样有类似的存在。比如被称为"房地产神话"的李嘉诚家族、被尊为"经营之神"的王永庆家族、被称为"船王"的包玉刚家族等。这些家族的共同之处不是历代掌门人取得的成就，而是家族内优良品质的传承。

我曾对这些优秀家族的传承进行过分析，对比之下发现个人成就与自律存在直接关系。自律无法被教育、督导，强制性管教很难保持其长久性。父母都希望孩子自律、自爱、自强，却从不自设同等要求。

最终批评无效、惩罚不服，孩子的成长日益堪忧。

因此，我在经营胜者教育的过程中，把培养孩子自律作为一项教育重点，并从中总结了部分心得。

首先，自律源于榜样。很多父母会为孩子安排日程，在不同的时间段提醒孩子做该做的事。这种生活看似有规律，却与自律毫无关系。因为离开父母的监督，孩子很容易受他人影响而改变生活习惯。

孩子的自律无法在父母的约束中形成，更多是在耳濡目染中形成。所以父母的自制是孩子自律的关键，父母做出榜样，孩子便会心领神会，父母井然有序，孩子便会有条不紊，这就是榜样的力量，也是培养孩子自律的正确方式。

其次，要培养孩子自律的习惯，需要父母给予孩子足够的关爱。父母是孩子最好的榜样，但并非所有自律的父母都可以教育出自律的孩子，这是因为父母缺少对孩子的关爱。一旦缺少关心、关爱，父母与孩子间则会产生距离感，而自律的父母也难以成为孩子的榜样。同时，情感缺失的孩子更容易随心所欲、肆意妄为，甚至自甘堕落，这一切行为只求引起父母更多的关注与关心。

04 | 父母间的相处，
孩子时刻在模仿

在青少年教育、家庭教育领域工作多年，有一件事令我感触颇深，且极为不解。很多父母认为夫妻相处之道与子女教育毫无关系，经常以"小孩子不懂事"为借口，在孩子面前无所顾忌，却不曾意识到这些"与孩子无关"的行为，无形中影响着孩子性格与成长。

曾有一位父亲问过我这样一个问题："为何我的孩子的情商如此之低？我和他的母亲都是企业家，把几百人的企业经营得有声有色，但这个孩子却完全不懂人情世故。"听到这个问题我不禁问道："您和爱人在家的相处和谐吗？"

无须回答我也能够猜到，这夫妻二人性格强势，在外八面玲珑，回家后便无所顾忌，沟通方式直截了当，甚至言语激烈。《情商》一书中提到，在我们的一生当中，情商对于个人的人生成功、职场顺利和家庭幸福有着至关重要的作用，而童年及青少年时期的家庭环境和教育对一个人情商的影响最大。

孩子的情商本身不会有太大差别，实际差距主要源于父母的教育与影响。有些父母问我："是不是父母的情商不高，孩子的情商就注定在低水平徘徊呢？"当然不是。孩子的情商会随年龄的增长不断提高，即便父母不能促进其提高速度，只要不进行负面影响，孩子的情商同样可以表现出众。

我在美国著名杂志《商业内幕》中就看到过一份关于青少年情商培养的研究。《商业内幕》杂志社先后到哈佛大学、斯坦福大学等众多知名大学进行调研，但调研的对象不是学生，而是学生的父母。调研数据表明，优秀的学生大多拥有愉悦的家庭氛围、和谐的父母关系，父母的相处之道会影响孩子的心胸、性格以及处世能力。

《商业内幕》的研究人员还发现，父母的关系决定了孩子的品格。相互尊重、相互谦让的父母可以培养出更大度的孩子，这类孩子不仅情商高，且三观正。而斤斤计较的父母往往会影响孩子的价值观，孩子的嫉妒心、虚荣心远超正常水准。

另外，调查结果还显示，自信的学生往往家庭和睦，得到了父母更多的陪伴、关爱，和谐的家庭氛围让其从小拥有充足的安全感，不仅人格健全，且性格坚强。而自卑的学生往往家庭氛围糟糕，甚至父母关系恶劣，部分学生还会产生反社会人格。

研究人员还发现，懂得理性处理家庭矛盾的父母可以提高孩子的处世能力。孩子在遇到问题时不会附加个人情绪，而是冷静对待、认真思考，进而解决问题。而性格强势的父母往往会加重孩子的情绪化问题，导致其失去了客观判断的能力，面对失败时怨天尤人、怨声载道。

我对《商业内幕》的研究成果十分赞同，并在多年的教育实践中找到了真实的对照。我发现孩子的暴力倾向源于父母的沟通方式。很多父母认为孩子的暴力倾向是受不良社会风气、不健康影视作品的影响，却忽视了夫妻间的错误沟通的影响。

夫妻争吵、发泄情绪会在孩子大脑中留下深刻印象，孩子在外遇到问题时容易选择类似的方式表达情绪，久而久之便滋生了暴力倾向。

孩子的懦弱源于父母的不平等地位，如果父母间的家庭地位不平等，则孩子会因为善良的心性选择陪伴弱者，而弱势一方的妥协退让会消磨孩子的坚强性格，导致孩子逐渐失去应有的勇气。孩子的欺骗源于父母的推脱，如果父母相处时表现得推脱、敷衍，则孩子很容易养成撒谎、作弊的习惯。因为父母不懂得担当，孩子也容易逃避，但孩子不懂得过多敷衍、推脱的技巧，撒谎便成了其推脱的主要选择。孩子是父母的明镜，镜子的特性正是映射一切影像。父母相处的一点一滴都会渗透到孩子的潜意识当中，所以我希望父母明白，如果彼此学不会和谐相处，则很难确保孩子的健康成长。

第 ④ 章

做孩子的
贵人，
不做孩子的
主宰者

奥地利心理学家阿尔弗雷德·阿德勒说过，幸福的人一生被童年治愈，不幸的人一生都在治愈童年。守护孩子成长的快乐是父母的责任，是教育的使命。父母应学会正视孩子的人生，陪伴孩子的成长，做孩子一生的贵人，不做孩子的主宰者。孩子的童年将对他的一生产生长久的影响。

01 | 教师授业，
传道解惑的是教练

美国有一位享誉盛名的游泳教练名叫谢曼·查伏尔，他培养的运动员在奥运会上取得了赫赫战功——游泳项目中有62次世界纪录由他的队员创造，9枚金牌获得者"飞鱼"施皮茨、3枚金牌获得者迈耶等美国游泳名将都是他的得意弟子，然而就是这样一位创造神话的教练自己却不会游泳。

是不是感觉这件事非常不可思议？但事实确实如此，因为教练不同于教师，教师的职责为授业，这需要深厚的学识、丰富的经验，但教练的职责是通过碰触学员的内心，使用极具创造性的语言，最大化地激发学员的天赋和潜能。教师重在"教"，教练重在"练"；教师的目的是让学生"学会"，教练的目的为让队员"做好"。两者的差别也决定了不同的结果。

很多父母一直在"教"孩子，事实上，孩子更需要"练"。

举一个简单的例子。胜者教育帮助的众多家庭中有一对年纪偏大的夫妻，两人老来得女，将女儿视若掌上明珠，孩子的兴趣爱好两人都全力支持。女儿9岁时想学习轮滑，父母便购买了成套护具、高档轮滑鞋，并聘请专业老师教学。结果一周后女儿说道："我完全没有运动细胞，每天都摔跤，我不要学了。"

类似的情况已经发生过无数次，这位女孩已经形成了轻易放弃的习惯。对于这种情况这对父母非常急迫，并怀疑孩子的心智发育存在问题，于是找到我求助。

当天，我与女孩的父亲深聊了许久，从这位父亲的话语中我感觉到了慈父的期望。但无论我怎样解释，这位父亲始终认为孩子的心智存在问题，直到我用半天时间让这位女孩子掌握了基础的轮滑技巧，父亲才相信女儿不仅心智正常，而且天资聪颖。

事实上，我没有学过轮滑，只是转变了教育方式。我虚心地向女孩请教："听你父母讲，你对轮滑有一定的心得，你可以教教我吗？"小女孩最初非常不自信，但犹豫了片刻还是展示了自己的学习所得，我便在孩子的指点下慢慢练习，针对我的错误，孩子还进行了各种示范。就这样，小女孩越来越自信，并向我展示了轮滑的各种动作技巧。

这就是教练与教师的差别。教练不是专业的导师，却是学生的伙伴，通过沟通、提问等方式，激发学生的兴趣和欲望，之后引导学生进入向上的状态，并根据亲身感受调整、优化，最终令其达到期望的境界。

在多年的青少年教育、家庭教育历程中，我始终以教练自居，也懂得教练思维的可贵，更发现了教练与教师的不同。在我看来，教练应给予的是支持，而不是逼迫。很多父母在孩子行动之前，喜欢用"做好奖励，做错惩罚"的方式督导，这种将自身置身事外的教育方式并不能引导孩子积极向上。

我曾经不解：孩子学而不得、学而少得究竟是谁的问题？对比过教师与教练的教育效果后，我似乎找到了答案，其中父母有不可推卸的责任。因为教练更关注孩子的感受，而教师更关注事情的结果。很多父母喜欢用命令的方式，教导孩子听话、懂事，却从未倾听孩子的感受。很多父母习惯高高在上，不断让孩子听从自己的教导，却不给予孩子有效的引导。这就导致了两者信号不同频，学而不得、学而少得的情况自然随之出现。

此外，作为父母，要善于接纳孩子，每个人身上都有优点和缺点，父母要学会接纳，而不是一味回避孩子的缺点。想想我们第一次抱着刚出生的孩子，那种无条件的爱和接纳，就是父母接纳能力的起点。

如果父母可以像教练一般给予孩子陪伴、鼓励和接纳，在教导孩子时保持平等地位，甚至以更低的姿态虚心请教，以此激发孩子的成就感与主动性，那么我相信教育完全是另外一种局面。

父母的引导、帮助、陪伴可以对孩子的成长起到促进作用，但干预、命令、教导很容易对孩子造成伤害。不以教师姿态对待孩子成长，而以教练身份激励孩子进步，父母就会发现，原来孩子远比自己想象的优秀。

最后，我建议父母从以下三个层面培养自己对孩子的接纳能力。

● 柔，要温和而坚定。父母在说话的时候，不要带着太多情绪，不要以势压人，而是要温和而坚定地表达自己的期待和要求。

● 弱，从示弱到真弱。弱不是软弱，而是指父母的接纳状态，父母用不着在孩子面前逞强，父母让自己呈现出弱势的状态，可以让孩子有更多的机会展现自己的力量。

● 虚，给孩子一定的空间。具有接纳能力的父母，愿意给孩子自主成长的空间。这个自主空间是否足够，特别容易验证，只要看孩子做事情时，在父母面前和不在父母面前是不是表现一致，就足以判定。如果表现一致，则说明父母给孩子的空间足够，反之则不够。

02 | 会买单：
补全孩子的成长思维

　　家庭教育中普遍存在这样一个现象：父母为孩子消费时毫不吝啬，却从不让孩子独自买单，并美其名曰"孩子小，不懂得如何花钱"。在很长的一段时间内我对此表示不解，在我的认知里，孩子不懂、不擅长的知识不更应该强化、练习吗？一味禁止只会带给孩子成长的缺失，令其失去了很多学习处理人际关系的机会。

　　后来深思许久，我发现了问题的症结所在，大多是父母忽视了青少年财商的重要性，不想让孩子在这一领域浪费太多精力。事实上，财商是青少年成长中必须重点培养的一种思维能力，这一点从"财商"一词的出处就可以看出。

　　"财商"最早出现于美国作家罗伯特·清崎的《富爸爸穷爸爸》一书中，这本书讲述的正是一位青少年从两位"爸爸"的金钱观、财富观、人生观中获得成长感悟的故事。

　　财商看似是一个人对待金钱的态度，却与智商、情商有直接关系。很多青少年步入社会后或过于吝啬，或挥霍无度，这正是缺乏财商的表现。

　　针对青少年成长的这种缺失，我特意在胜者教育开设了少年商学的课程，这不是为了让孩子学会如何经商，而是对青少年心智的一种补全。

　　例如，日常消费、主动买单看似是一个简单的动作，却是孩子处理人际关系的一种方式。因为在消费场景中可以看出一个人的胸襟、态度、品格，更能够展现一个人的格局。所以父母应当从小培养孩子正确的消费理念，树立财商观念，让其学会更加妥当、正确地处理人际关系。

　　我与很多父母探讨过这一问题，大多数父母表示，并非不舍得让孩子花钱，而是担心孩子不会花钱。但所有人又认同，解决这一问题的方法恰恰是让孩子练习花钱。

　　孩子的成长是一个追求卓越的过程，但孩子的成功离不开群体的共赢、资源的运用。所以从小注重孩子财商的培养也是父母不可推卸的责任。

　　《提高孩子财商的亲子理财书》的作者连志超就曾做过这样的调查，美国 90% 的家长会重点教育孩子如何理财，25% 的家长表示要让孩子从学会使用零花钱开始树立正确的财富观。无独有偶，根据英国最新的教学改革计划，储蓄和理财课程从 2011 年开始就成为英国中小学生的必修课，以培养学生积极健康的财富观。

　　少年商学正在随着社会发展被越发重视。"花钱"正是孩子锻炼商业思维的一种方式，由花钱开始孩子可以逐渐培养出对待金钱的价值观，凝练出最基本的商业思维，对资源、价值的理解更加深入。

在生活中，看到一些父母禁止孩子自主消费时我会忍不住解释："学习商学，是一个人认识社会经济发展、提升商业智慧和创造商业财富的良好方式，培养孩子的商业思维除了可以增强其对周围环境、社会环境的理解外，还可以提高孩子的领导力、创造力等能力。"这些能力培养得越早，孩子的生活能力、处世能力就越强，未来成功的砝码便越多。

可我发现这一观点的影响范围十分有限，我国开展商学教育的时间、范围与国外存在明显差距，所以我特意在本书中提出这一观点，希望父母及时补全这种教育思维。因为数据表明，13岁之前是一个人的商学黄金时期，5~12岁是最关键的阶段。错过这一时期，孩子对商学的学习速度便会明显下降。

我希望父母重视对孩子商学思维的培养，从允许孩子花钱、买单开始，让孩子对金钱有正确的认识，并让他们在各种生活消费场景中进行练习，从而建立起良好的消费习惯。

我认为这些商业思维对孩子的成长十分重要。父母作为孩子的第一任老师，不仅要传授孩子专业知识，还应该传授孩子良好的处世思想与处世技巧，商学正是其中不可或缺的部分。

03 | 扶上马，
送一程，给祝福

无数父母抱怨，在教育孩子的过程中挫败感极强，无论如何努力、如何用心，结果常常事与愿违。面对这种抱怨我却想说，你们有没有想过，正是因为自己的用心、努力才导致了这样的结果呢？

在多年的教育历程中，我一直强调"孩子不是教出来的"。家庭教育、青少年教育的挫败感源于父母太过于"教"，而忽视了孩子自身的特性。

孩子的特性自其出生那一刻便已确定，这种源自灵魂的独特是孩子的本质。父母不应该让孩子变成自己喜欢的模样，而应该好好观察孩子，引导其寻找属于自己的人生，这才是家庭教育、青少年教育的真谛。

多年来，我听到最多的感激话语是"谢谢胜者教育，谢谢张老师，把孩子教得如此优秀"。对于这样的感激，我总会说："孩子本来就很优秀，未来还可以变得更加优秀。"

每个孩子都有闪光点，只不过在错误的家庭教育方式中，这些闪光点被埋没了，导致孩子进入一种屈从、被动的成长状态，孩子发自内心的反抗又被父母认定为叛逆、不懂事，最终导致家庭关系越发恶劣，家庭教育进入困境。

其实大多数孩子并不顽劣，只是父母还未找到与他们沟通、相处的正确方式。如果父母能够转变固有的教育思维，或许会发现家庭教育其实并不困难。

很多父母向我抱怨孩子叛逆，抱怨孩子难以管教。我总会耐心倾听这些父母的倾诉，随后告诉他们这都属于孩子的正常表现。我也会分享一些经典的教育故事，让他们理解青少年难以管教的原因是什么。

比如老师们喜欢把美国畅销书作家乔希·西普的成长故事与父母们分享。乔希·西普在《解码青春期》中写下了自己的成长经历，书中写道：身为孤儿的乔希·西普从小没有父母关爱，童年时期不断被寄养到各个家庭，而导致这一现象的原因是其过于顽劣，没有哪对夫妻愿意收养这样的孩子。用乔希·西普自己的话说，他每次到一个新家庭总会制造各种各样的麻烦，并不断激怒自己的养父母，然后悄悄地计算将被驱逐多少天。

直到乔希·西普来到最后一个家庭，养父对他的各种劣迹都表现出了宽容，也从未表现过后悔与沮丧，乔希·西普才发生了改变。一次，乔希·西普因无证醉酒驾车而被捕，这位父亲强忍着怒气对乔希·西普说了一句改变他一生的话："孩子，我们从未把你看成一个麻烦，我们只是把你看作一个机会。"正是这句话，彻底打开了乔希·西普的心扉，让他开始重新做人。

如今，乔希·西普已成为美国著名的青少年励志专家，并到哈佛大学等著名大学演讲，他用自己的人生感悟影响了无数美国青少年。

这个故事说明了一个道理，最好的父母一定是在做孩子的贵人，而不是在做孩子的主宰者。用"扶上马，送一程，给祝福"的方式教育孩子，孩子才能够成就自己的人生。

回过头来看我国家庭教育的现状，大多数父母依然采用"拉上马，载一程，给叮嘱"的方式在教育孩子，这导致了很多孩子不乐于上马、学不会骑马、骑马跑偏的问题。

所谓"扶上马，送一程，给祝福"，是指父母引导孩子自己成就自己，并给予孩子可以给予的帮助，对孩子正确的想法保持支持、祝福的态度。这需要父母学会尊重孩子，将孩子视为独立的个体，重视孩子的想法，给予孩子更多独立成长的机会。

事实上，很多父母眼中的受苦受难，却是孩子锻炼意志、提高能力的最好机会。孩子有选择人生发展方向的权利，父母的责任是纠正、引导、帮助，而不对方向进行把控。孩子在自己喜欢的领域可以表现出更强的主动性，获得更高的成就，父母的责任是确保方向的正确性，并给予支持和祝福。

孩子真正长大的时候，是当他学会了如何仔细地研究周围的世界、如何仔细地研究自身的时候，是当他不仅认识周围的事物和现象，而且努力认识自己内心世界的时候，是当他用精神力量来使自己变得更好的时候。

　　孩子接受的教育方式影响着他的命运。当父母懂得正视孩子的人生时，孩子的成长便可以更加快乐、更加主动。这不仅能让家庭关系更加和睦，孩子的成就也将不可限量。

04 | 胜者163教育模型：
天赋、特质与思维铁三角

教育是对人的灵魂的教育，而非知识的堆积。只有触达灵魂的教育才最有效果，而知识的堆积并不能对青少年的成长有质的促进。

我认真研究了多种国内外先进教育理念与模式，结合我国青少年的成长特性，总结出了"胜者163教育模型"。这一模型经过了多次升级完善，如今已成为胜者教育新素质教育的核心竞争力。很多朋友对"胜者163教育模型"给予了肯定，我希望胜者教育的教育理念能带给父母更多的思考，能够帮助父母在教育子女的过程中找到合适的方法。

"胜者163教育模型"打破了传统家庭教育仅重视天赋培养的教育思维，重构了青少年天赋、特质、思维的关系，从而让更多青少年成长为打破常规的"未来领军者"。

在这一模型中，"1"这个数字最重要，它代表"每个孩子的独有天赋"。启发天赋正是胜者教育新素质教育的起点，也是最重要的一环。我认为，每个孩子都拥有独一无二的天赋，身上蕴藏着可以开启灿烂未来的人生密码。胜者教育的首要目标正是帮助孩子定位自身天赋。

"6"即六个精英特质。这六种优秀特质不同于传统家庭教育的"德智体美劳"，我通过对现代成功人士的全方位分析，结合青少年成长的特性，总结得出当代精英青少年必备的六个特质分别是：

① 具有强大的意志力。

② 具有学识与眼界。

③ 具有自我驱动力。

④ 具有解决问题的思维与能力。

⑤ 具有感恩的心。

⑥ 具有社会责任感。

"胜者163教育模型"旨在打造符合时代所需的精英青少年。因此，胜者教育培养的重点不仅在于智力的开发和能力的拓展，更在于面对困难时不屈不挠的品质，面对大是大非时的判断与选择。这些恰恰是传统课堂教学与培训所缺失的。

"3"即三个思维模型，分别是：艺术思维、建筑思维、辩证思维。

"艺术思维"是伟大创新的来源，也是打破常规的前提。具有艺术思维的孩子，往往拥有丰富多彩的人生经历。

"建筑思维"意味着强大的理性逻辑和分析能力，拥有建筑思维的孩子，必定是热爱思考、善于思考，拥有严谨、缜密逻辑思维能力的人。

　　"辩证思维"代表着对于客观事物从各个方面进行考察，从整体上、本质上完整地认识事物。辩证思维让孩子拥有强大的思辨力和表达力。多年来，我通过"胜者 163 教育模型"培养了一批批优秀青少年，也通过历届学员的感受完善了"中国优秀青少年"的打造方式。更让我感到欣慰的是，胜者教育的教育理念影响了无数父母，让其认识到了自身教育思维的不足、误区，让其明白了充当孩子"垫脚石"的重要性，进而为孩子营造了更优质的成长环境。

05 | 给孩子一生的
精神支持

相信父母都清楚，我们给予孩子最大的财富绝不是金钱、地位，而是孩子成就自我的能力。可无数父母当下拼搏的目标依然是为孩子争取更优质的生活条件，甚至不惜占用陪伴孩子、教育孩子的时间。

曾有这样一对父母令我印象深刻。父母在孩子的成长阶段将全部身心投入创业当中，孩子长大成人后其家产高达数十亿元，但这对父母却十分苦恼，因为孩子碌碌无为，不思进取。这对父母每年花费不少钱帮助孩子尝试各种创业，结果孩子还是一事无成。

这类情况并不少见。我身边的朋友就有类似的烦恼与担忧，虽然没有达到这种程度，但总会就同类问题向我"取取经"。我会经常劝告朋友，追求财富没有问题，但一定要把握好度，把应该陪伴孩子的时间全部用在追求物质上面，其实得不偿失。因为对于孩子而言，成长的缺失很难用物质弥补，且情感、性格的缺陷在孩子成年后很难补全。

很多朋友对我的劝告表示无奈，说一句"身不由己"后就不了了之。对于普通朋友事后我会继续提醒，对于要好的朋友我会督促其进行改进。我真的不想朋友的家庭教育出现问题。因为一旦问题出现，就代表孩子受到了伤害。

上述父母在孩子成长期间缺少陪伴与关爱，孩子成年后往往会陷入人生迷惘的状态，父母后期只能给予物质、金钱方面的支持，却难以弥补孩子性格、思想与心智的缺失。

哈佛大学曾经针对儿童进行了研究，发现人类在成长过程中有两种重要的精神需求。一是亲密性，这种需求主要源于母亲。二是独立性，这种需求主要源于父亲。孩子在成长中缺少母亲的陪伴，便容易形成冷漠的性格，缺少父亲的陪伴，则容易自卑。这两种负面情绪不断恶化、放大，就会对孩子的成长造成难以弥补的损失。

2019 年，武汉大学中南医院儿科和武汉大学第二临床学院先后对湖北省仙桃、大冶等地的近千名留守儿童进行了健康调查，结果令人担忧。调查数据显示 70% 的留守儿童存在心理问题，这些问题主要表现为抑郁、焦虑、自卑，甚至有些孩子竟然想到了自杀。

在这项调查数据中，"留守儿童"并非指父母双方均不在孩子身边，其中一方外出打工也在调查范围内。可见，父母对孩子的陪伴多么重要，父母给予的精神支持对孩子的成长产生了多么深远的影响。

事实证明，真正优秀的父母不仅懂得如何爱孩子，更懂得如何支持孩子。我相信所有父母都认为自己爱孩子，那么我想问对孩子正确的爱有哪些标准呢？大多数父母都无法准确回答。

对孩子的爱不是单纯的情感，而是对孩子的容忍、包容、信任、期盼、陪伴与放手，并给予孩子一生的精神支持。

很多父母爱孩子，却不懂得爱孩子的正确方式。某些父母忙于事业，却疏于对孩子的陪伴与帮助，导致孩子学习成绩不佳或性格懦弱。当孩子犯错时父母又缺少包容，失去了往日的慈祥，甚至无法容忍孩子的过错。这样的状况在当代家庭中并不少见，这样的父母又如何理直气壮地说爱孩子呢？

达尔文在童年时期便喜欢研究动植物，不仅搜集一些风干的植物和昆虫的尸体，甚至在上学期间花费大量时间采集植物，为此，达尔文差点被校长赶出学校。

但达尔文的父亲知道此事后没有责骂孩子，反而在院子中搭了一个棚子支持孩子的兴趣。达尔文的父亲说道："你要善于并敢于想象，只有大胆想象，你才能有所发现。"

正是父亲的理解与支持，让达尔文学会了正确安排自己的生活，并坚定了自己的梦想。当《物种起源》完成时，达尔文说自己最想感谢的人正是父亲。

父母要明白，只有懂得了如何爱孩子，父母才能够学会如何培养孩子。

第二部分

每个孩子都有天赋：
从发现到强化

很多父母认为，孩子的成长是从发现不足到完善补全的过程，但我认为孩子的成长是发现特质到强化天赋的过程。

每个人
都有属于自己的
天赋，
但别被误导

孩子的成长是父母的修行。在这段漫长的修行中，有欢笑也有泪水。但无论旅途如何，父母都应该时刻提醒自己，孩子在正确的道路上才能活成他喜欢的样子。父母要发现孩子的闪光之处，强化孩子的天赋，努力引导孩子成就属于自己的未来。

01 | 我说"孩子，你是个天才"时，孩子瞬间哭了

2020 年 7 月，我的家里来了一位特殊的客人。这个一身潮牌、时尚前卫的少年海归是我的一位好友的儿子。可即便其父亲与我亲如兄弟，这个男孩依然摆出一副拒人千里之外的表情。进屋后男孩直接坐在我家的沙发上，对我不理不睬，甚至未曾与我打上一声招呼。

朋友十分苦恼地解释说，不知从何时起，孩子与自己变得越发疏远，虽然两人对孩子百般宠爱，但孩子却熟视无睹。在出国留学的三年时间里，孩子未曾主动打来一个电话。父母的叮嘱、担忧却变成了孩子口中的啰唆、麻烦。

听了朋友的诉苦后我不由看了看孩子，却发现男孩居然戴着耳机，靠在沙发上闭目养神。多年的教育经历让我窥得了一些端倪，于是在征求孩子本人同意后我对他进行了一个简单的天赋测试。拿到测试结果时，我不禁又看了看朋友二人，看着他们期待的眼神，我竟叹了一口气。

当我坐到男孩的身边时，他只是淡淡地看了我一眼，瞬间又沉浸到自己的世界当中。直到我说"孩子，你是个天才"时，他才用狐疑

的眼光看向我，并慢慢摘下耳机问道："你说什么？"

"我说你是一个音乐天才。"

不想孩子听到这句话后瞪大了眼睛，片刻后流下了眼泪。我十分清楚孩子的内心感受，可朋友却对孩子的举动不知所措。孩子的测试结果显示，其音乐天赋远超常人。令人惋惜的是，孩子已经错过了最佳培养时期。

音乐天才难觅知音的确是一大人生悲哀，而孩子的父母不仅没有成为孩子的知己，反而扼杀了孩子的天赋，彼此的关系自然日益冷淡。在我的追问下，母亲承认孩子自幼酷爱音乐，且天赋异禀，小学一年级时钢琴已达 8 级水平！朋友二人为了确保其学业不受影响，毅然遏制了他的音乐梦想。孩子当时年幼，按照父母规划生活的前几年还未曾有太大变化，但随着年龄的增长，孩子对学业越来越没兴趣，对父母的不满也不断增加，出国留学后与父母更是形同陌路。

面对这个事实，我既为孩子感到不公，又对朋友十分气愤。二人明明发现了孩子的天赋，却将其生生扼杀，导致其错过了最佳培养时期，这是一种难以弥补的伤害。

我曾不止一次向这位朋友提到，每个孩子都有其独特的天赋，父母的责任是发现、是强化。不想朋友竟做出了如此不负责任的行为，阻碍了孩子的成长。

父母要明白，每个孩子都有属于自己的天赋，你眼中的平庸不过是缺少发现，缺少挖掘。

02 | 发现天赋的
步骤和原则

在研究西方国家的教育理念时，我发现一种犹太人的教育理念，这种理念强调：如果父母习惯用挑剔的眼光看待孩子，孩子将一无是处，未来将毫无作为；如果父母用认可的眼光看待孩子，孩子将自信满满，未来将不可限量。

从犹太人的教育理念中可以看出，父母的眼光决定了孩子的未来。

我希望父母学习一下犹太人的教育理念，用赏识的眼光看待孩子，在孩子日常的作为中发现孩子的天赋，并进行强化。这样孩子就可以变得自信、主动，进而成就自我。

▶▶ 发现天赋的三个步骤

英国教育家肯·罗宾逊在《发现天赋的 15 个训练方法》中写道，发现一个人的天赋需要三个步骤。

第一步，屏蔽干扰。书中写道，人类天赋的探寻之旅是一条双向的道路：对内探寻自身的灵魂，对外寻找世界蕴藏的机会。父母在探寻孩子的天赋时首先要屏蔽外界干扰，不被他人的想法左右。既不把他人的赞同认定为孩子的天赋，也不把他人的批评认定为孩子的缺点，客观、冷静地进行判断，我们就可以迅速、准确地找到孩子的独特之处。

第二步，变换角度。很多时候，父母看待孩子的角度存在问题。因为父母的注意力大多放在自己重视的方面，而不是孩子喜欢的领域。

比如美国著名歌手玛丽亚·凯莉的母亲曾经是一名歌剧家，但这一行业的收入有限。为了生活玛丽亚的母亲早早就放弃了歌剧，并教育孩子不要从事这一没有前途的行业。

不过玛丽亚却继承了母亲的音乐天赋，4岁时就表现出了惊人的音乐才能。玛丽亚的母亲担心孩子走上自己的老路，便不断教导她放弃音乐，好好学习。

好在玛丽亚从小性格坚强，一直坚持自己的音乐梦想。小学时，玛丽亚的学习成绩非常普通，有一次她的数学成绩只得了6分，老师当着全班同学的面责备了她，而玛丽亚却大声反驳："数学对我没有用，我未来要成为歌唱家。"

玛丽亚的父母知道后十分担忧，便开始对其音乐梦想进行阻挠。就这样玛丽亚在与家庭、学校的对抗中成长到14岁。进入高中后，玛丽亚开始对自己的梦想采取实际行动。玛丽亚一边上学，一边创作音乐作品。为了逐梦她在酒吧做过招待，睡过地板，每周靠一包干酪通心粉艰难度日，甚至还接受过熟食店老板的施舍。

这样艰苦的日子玛利亚坚持了四年，在四年的时间中玛丽亚的父母未给予她任何支持。直到 18 岁的一天，玛丽亚有幸在一家知名俱乐部登台演出，她凭借完美的嗓音立即征服了在场的所有观众，其中就包括哥伦比亚唱片公司的负责人。

就这样，玛丽亚被哥伦比亚唱片公司以 35 万美元的合约价格揽入旗下。

试想，如果玛丽亚的父母能够用一种长远的眼光看待孩子的成长，认可孩子的梦想，玛丽亚在童年、少年时期便不会如此悲惨，或许可以更早地实现自己的梦想。正是父母坚持的"这一行业毫无前途"的观点，让孩子的成长缺少了父母的关爱，也造成了无法弥补的遗憾。

第三步，勇敢尝试。《发现天赋的 15 个训练方法》中写道：发现天赋的过程既是对内的思考，又是对外的探索，探索就需要勇气与尝试。所以，父母应该鼓励孩子勇敢尝试，在成功和失败的过程中不断总结、不断思考，最终确定孩子的天赋。

▶▶ 发现天赋的三个原则

《发现天赋的 15 个训练方法》中还讲到定位天赋需要三个原则，这三个原则也决定了天赋定位的精准度与正确性。

第一个原则，认识到生命的独一无二。每个孩子都是独一无二的存在，所以父母不应该把孩子的特点进行比较。比如别人家的孩子展现了某种天赋，父母便思考自己的孩子是否也应该表现出相同的天赋。

认识到生命的独一无二等于认同孩子的独特性，认同孩子自己的生活方式和行为习惯。我希望父母相信自己的孩子，或许孩子在某些领域表现得并不突出，但他一定拥有其独有的天赋。

第二个原则，相信孩子可以创造自己的人生。如果父母不相信孩子，则孩子很难表现出自信，更难展现出自己的天赋。纵观当代天赋异禀的少年，其获得的各种成就的背后都有父母的信任与支持。可见，父母相信孩子可以创造自己的人生，才能在孩子的行为中发现其过人之处。

第三个原则，人生是不可预测的。孩子展现天赋不需要任何前提，也无法预知，也许孩子的天赋就展现在一次即兴表演中，或展现在下意识的动作中，父母要懂得观察，从而找到孩子的独特之处。

▶▶ 偏爱才是真爱

很多时候孩子不善于表达，但行为却可以说明一切。父母在发现孩子天赋的过程中应当多注意孩子的偏爱。这种偏爱不局限于某种实物。

例如，被称为天才少年的曹原仅用了三年就学完了小学、初中、高中的课程，14 岁考上大学，22 岁攻克百年难题，发现了石墨烯超导角度，并于 2018 年被《自然》（Nature）杂志评为 "2018 年度影响世界的十大科学人物"。曹原在上学期间有一个奇怪的习惯，他读书非常快，经常用几分钟便看完数十页的内容。最初很多人认为曹原学习不认真，后来老师才发现这是曹原独特的天赋，之后曹原也解释了这种习惯，他说自己只是跳过了一些"无聊"的内容而已。

孩子的天赋往往隐藏在其习惯、行为当中，甚至孩子自己都未能及时发现。这时，如果父母可以发现孩子的天赋，并加以强化，孩子的人生将由此发生改变。

03 | 隐性天赋

当代教育学家已通过研究证明，孩子的天赋可以被分为两种：一种是智商高、能力强的显性天赋；另一种是孩子独有的潜质，这种独有的潜质令孩子乐于在某一领域精耕细作，并成长为稀缺人才，这些不易被发现的潜质又被称为"隐性天赋"。

我最怕听到某些父母这样诉苦："我家孩子根本坐不住，简直是多动症""我家孩子不务正业，除了学习什么都喜欢"，这类表达足以证明父母看待孩子的眼光存在问题，孩子的天赋正在被埋没。

我常对求助的父母说："每个孩子都是独一无二的，他必然拥有过人的天赋。"可仍然有很多父母不能理解，认为自己的孩子没有什么天赋。

当代教育学家早已通过实验证明，存在差异行为的孩子大多具有隐性天赋，如果其特质被正确引导，其天赋则会被全面激发；一旦差异行为被父母硬性纠正，孩子的天赋将被彻底埋没。隐性天赋通常隐藏在孩子的思维差异、行为差异和语言差异当中。

例如，孩子讲话多或讲话少都可能代表其语言天赋过人。讲话多代表孩子有强烈的表达欲望，乐于与他人沟通；讲话少但言简意赅代表孩子逻辑思维能力超群，表达能力出色。

所以，父母看到孩子的差异时，不要急于纠正，先尝试了解出现差异的原因，正视差异的存在。

▶▶ 特质是孩子区别于他人的内在素质

我一直强调每个孩子都必然有其独特之处，这一观点并不是我个人的主观臆断，而是教育界普遍认同的教育理念。很多父母无法发现孩子的天赋，一个主要原因就是他们看待孩子的眼光不够全面。

比如牛顿小时候喜欢发呆，为此还受到过老师的批评。但牛顿的房东药剂师克拉克却十分明智，当他看到牛顿盯着一架风车发呆两小时后，轻轻地问道："看着风车你想到了什么？"而牛顿回答："我也要做一个风车，不过它太大了，我要做一个小的。"随后，12岁的牛顿仅靠观察便做出了风车，他还把这架风车送给了克拉克作为门店的招牌。

把"发呆"看作恶习的老师会影响牛顿的健康成长，而懂得认同差异的克拉克却发现了牛顿的过人之处，这正是不同教育导致的不同结果。

我希望父母放弃完全求同的教育观念，尝试在孩子的与众不同中寻找其天赋。

▶▶ 与众不同的感觉

有些时候，我甚至认为孩子的天赋远远超过成年人，这不是因为我的眼光有多么独到，而是我养成了"发现不同"的习惯。每当我定位孩子的天赋时总会想起著名教育学家琼·弗里曼教授的一句话："天赋没有什么神奇的公式。它存在于基因中，你需要先找到它，才能看到它在你身上的发展。"

有些时候，孩子的隐性天赋无法明确表现为某种习惯、某种差距，而是带给父母一种与众不同的感觉。比如我曾遇到一个孩子，父母对他的评价为"破坏欲极强"，从小喜欢破坏玩具，长大后喜欢破坏家具、家电，而孩子搞破坏的理由是"我想看看它的里面有什么"。

针对孩子与众不同的"爱好"，我对其进行了专业评测，结果显示孩子具有超强的空间视觉，其创造天赋远超常人。

很多时候，孩子的天赋就隐藏在与众不同的感觉中。一旦父母重视这种感觉，正视孩子的作为，便可以从中挖掘出孩子的天赋。在不断强化的过程中，孩子的优势才能充分凸显。

04 | 如何化解天赋面前的障碍

　　发现青少年的天赋其实并不是一件难事，甚至比发现成年人的优点更容易。那为何大多数父母认为自己的孩子没有天赋呢？因为父母没有给予孩子展示天赋的机会。对此有意见的父母先不要急于反驳，我先分享一句美国心理学家玛德琳·莱文关于定位孩子天赋的名言。玛德琳·莱文在《给孩子软实力》一书中写道："与成人一样，孩子可能在某一领域特别有天赋，但在其他方面却表现寻常。"

　　我十分认同这一观点，也相信定位孩子的天赋就是如此简单。很多父母找不到孩子的天赋只是因为父母太过看重孩子的学习成绩，而忽视了其他方面，所以就很难发现孩子的过人之处。而父母却因孩子学习成绩平庸而感慨孩子天资不足。

　　玛德琳·莱文在书中还列举了这样一个案例：有三类孩子摆在父母面前，第一类是"学霸"，第二类是对公共卫生问题有着浓厚兴趣的学习高手，第三类是成绩非常普通，但对音乐十分着迷的孩子。面对这三类孩子时，大多数父母表示"我希望我的孩子成为'学霸'"。

　　这是一个非常奇怪的现象，因为没有父母认为另外两类孩子低人一等，但却极少有父母愿意自己的孩子成为另外两类孩子。父母感恩与孩子的相遇，却用苛刻的条件主导孩子的成长，这的确是当代教育中存在的问题。

　　树有百种，人有百样。孩子的成长像这个世界一样缤纷多彩，认可孩子的特性，认可孩子是世界上唯一的存在，父母才能看到孩子的天赋，才能引导孩子健康成长。正如玛德琳·莱文所说："所有的孩子都有足够的天分和热情面对未来的生活，在尊重和鼓励下，他们会按照自己的方式走向成功。"

　　在引导孩子健康成长的路上，父母不仅要发现、认可孩子的天赋，还要消除阻碍孩子天赋发展的障碍，让孩子了解到自己的与众不同。在研读了《孩子，把你的手给我》《做孩子一生的贵人》《合作式养育：如何构建与孩子的亲密关系》《不放弃：你的梦想值得拼尽全力》等众多青少年天赋教育书籍后，我总结得出如果父母能够给予孩子更多认可，孩子就可以更好地接纳自己，正视生活，从而带给父母更多惊喜。

05 | 和会沟通的父母 在一起有多重要

2018年，一则北大学子拉黑父母6年的新闻刷爆朋友圈。随后当事人王同学又发表了一封长达15000字的控诉信，信中写道："如今，虽已而立之年，但我依然内心敏感，不善交际，犹如一个情感上的孤儿。长久以来，我都是家庭肆意操纵的受伤木偶，父母拿去炫耀的道具。"这句话简单、直白，也值得所有父母深思。

中国有句古语为"天下无不是的父母"，这句话让很多父母以"爱"的名义对孩子肆意妄为，不顾及孩子的感受，久而久之父母的教育、引导就变成了控制、操纵，孩子的内心也会留下难以磨灭的伤痕。

在多年的青少年教育历程中，我发现孩子性格的扭曲大多源于父母的"以爱之名"，而对孩子伤害最深的正是语言暴力。每当我劝告那些急于纠正孩子不良习惯的父母"请冷静一点，少一点语言暴力"时，总有父母反驳："批评教育尚且不听，好言好语劝说只会被他当作耳旁风。"这时我不禁想到《非暴力沟通》一书中的一句话："大多数家长无法意识到语言暴力，只会抱怨孩子心灵的脆弱，这些错误的沟通方式往往会折断孩子的翅膀。"

　　沟通是父母与孩子有效传达教育信息的主要途径，也是父母发现孩子天赋的重要基础。可很多父母的语言有暴力倾向，他们常常采用命令、批评、责骂等方式教育孩子。殊不知，教育孩子的正确方式却是学会倾听、学会理解、学会认可。

　　被誉为"亚洲剧场导演之翘楚"的赖声川曾讲过这样一个故事，一个孩子凭着自己的想象力画了一只小狗，当孩子举着小狗给妈妈看时，妈妈却笑着说道："这哪里是狗呀，你看看绘本里的小狗是这样的吗？"就是用这简单的一句话，妈妈就扼杀了孩子的想象力。因为妈妈未曾了解孩子如此作画的原因，忘记了了解孩子内心的丰富多彩，孩子的天赋也就由此被"纠正"，被埋没。

　　家庭教育专家汉恩·吉诺特博士在《有话慢慢说：父母如何与青少年沟通》一书中也曾写道：父母与孩子的沟通是一种人格教育的方式，父母都希望孩子长大后成为一个被尊重的人，所以父母首先要尊重孩子，理解孩子的感受，学会思考与孩子沟通的方式。

　　我分享这两个案例是希望更多父母学会理解孩子，尝试换位思考。父母设身处地思考孩子的身心感受，就更容易找到与孩子沟通的正确方式，拉近与孩子的距离。正如克拉克询问牛顿的发呆所得，也是源于换位思考，转变了彼此的位置，才能够了解对方的真实感受。

　　语言暴力往往比肢体暴力伤害更大，不懂沟通的父母会在孩子成长过程中带来各种各样的伤害，且随着伤害的加深，孩子的性格、心理会逐渐出现问题，孩子的天赋会被埋没，家庭关系会越发紧张。

我期望所有父母都能意识到，言传和身教都是影响孩子成长的重要方式，我们要避免使用错误的沟通方法，学会站在孩子的角度思考问题，这样才能产生正向的引导效果，孩子的天赋才能被充分激发出来。

06 | 一边泪流满面，
　　　一边心花怒放

最初我听到"一边泪流满面，一边心花怒放"这句话时并不理解为何会出现这种矛盾的状态。随着在青少年教育、家庭教育领域的深入研究，我深切体会到这句话是在形容很多父母的教育感受。

这些父母在孩子成长的过程中经常泪流满面，但回顾过往却又心花怒放，这种体会是父母伴随孩子同步成长的最佳证明。

我经常会遇到这样一类青少年，他们童年、少年时期非常懂事，学习成绩优异，个人能力突出，但随着年龄的增长越发叛逆，进入青春期之后各类问题不断凸显出来，不仅学习成绩下降，与父母的关系更是势同水火。分析过众多这类状况后，我发现原因主要在于父母。因为这些孩子大多在童年、少年时期完全按照父母设计的路线成长，随着孩子思维的成熟，他们意识到父母设计的生活不是自己喜欢的生活时，自然会对抗、挣扎，想尽一切办法活出自我。

所以我会不断对更多父母强调，引导孩子成长首先要了解孩子的需求，发现孩子的特质与天赋，让孩子走上属于自己的路。

　　荣获"中国十大创业新锐"称号的理想汽车创始人李想出生在一个艺术之家，父亲是知名的戏剧导演，母亲是一位美术创作者。从小受到熏陶的李想也展现出了独特的艺术细胞，但在14岁上初中时李想的人生发生了改变。

　　第一次接触电脑，李想便进入了痴迷的状态，随后两年的时间内李想彻底放弃了自己的艺术人生，转而进入了IT领域。看着孩子的改变，李想的父母曾产生深深的担忧，但看到孩子的执着，两人又默许了孩子的选择。

　　进入高中后，李想便规划了自己的未来，并以电脑杂志编辑的身份开始追求梦想。高二时，李想便阅览了国内各大电脑选购和使用知识的网站，高三时李想创办了自己的"显卡之家"。

　　19岁时，李想向父母提出放弃考大学，直接进入社会创业。如此大胆的决定自然遭到了父母的反对，但李想用自己的行动证明这一决定不是一时冲动，而是实实在在的人生规划。

　　就这样，不到20岁的李想成立泡泡网，之后又创立了汽车之家，如今已经成为身价数亿元的理想汽车CEO。一路走来，李想最感激的还是父母的支持，正是父母对他的认可令其收获了自己想要的人生。

　　父母的修行是一段漫长的旅程，过程中充满了泪水与欢笑。在这场修行中，父母要说服自己，让孩子在正确的道路上活出他喜欢的样子。孩子的成功才是父母修行的方向。

设计
孩子
的
"人生经历"

　　人生最宝贵的经历是什么？很多人说是成长，是青春，是为人父母的美好，但我认为，人生最宝贵的经历便是设计孩子的成长，设计孩子的人生经历。这段畅想无数可能、收获无数惊喜的经历无比美妙。这段经历让父母终生难忘，也让孩子受益终生。

01 | B点思维：
如何让孩子不迷路

很多父母喜欢为孩子规划人生，在孩子小时候就向孩子强调长大后要成为怎样的人。可大多数孩子无法达成父母期望的目标，因为父母自己也不知道如何成为那样的人。

父母帮助孩子规划人生的行为本身没有问题，这也是父母的责任，不过有些父母却选错了规划方式。因为对于孩子而言，"你长大后要成为怎样的人"与"我长大后要成为怎样的人"存在本质的区别。父母的责任是帮孩子定位人生目标，而不是代替孩子设定人生目标。

也有些父母认为，过早为孩子规划人生不切实际，因为目标太过遥远，对孩子的成长毫无意义。但我可以负责任地讲，人生目标对孩子的成长有重要意义，它是孩子成长的方向。

成功法则中提到过一种 B 点思维，这种思维模式可以清楚地解释为孩子设定人生目标的重要性。B 点思维是一种以结果为导向的设计思维，它将出发点设定成 A，将目标设定为 B，从 A 点出发后不断找方法、找策略，力求在最短的时间内达到 B 点。

善用 B 点思维的人会不断思考三个问题。

① 我的目标是什么?

② 我需要创造什么样的条件才能尽快实现目标?

③ 如何加快自己的速度?

如今,这种思维已被运用在职场、股市等多个领域,且效果非常突出。比如乔布斯设计 iPhone 4 时曾对设计师和技术人员说他希望苹果手机只有一个功能键,于是苹果公司研发出了改变时代的 iPhone 4;稻盛和夫创办京瓷时对工程师提出了一个完美的精密度要求,当所有工程师都反驳时,稻盛和夫说"你们只需要再尝试下",随后京瓷才脱颖而出。

B 点思维正是一个提前设定远大目标,随之向这一目标不断努力的开创性思维。正是因为这种思维的存在,人类才完成了一个个惊世壮举,才创造了无数的奇迹。站在 B 点思维的逻辑上思考,只有孩子明确了人生目标,才会主动思考进步的方法,才会不断进取。

我相信很多父母已经认识到了 B 点思维的重要性,却找不到 B 点思维的运用方式,最常见的错误表现正是"你长大后要成为怎样的人"。

盲目为孩子设定人生目标只会让孩子更加迷惘,因为这会使孩子在成长中无法清晰规划逐梦的路线,从而失去前行的动力。被父母牵引的过程中双方会产生摩擦，孩子的负面情绪会增长，最终导致孩子叛逆、脾气暴躁，或彻底被父母打压得丧失主见、过于乖张。

我思考过青少年认知事物的逻辑思维后认为，仅通过"看"，青少年很难清楚定位人生 B 点，父母应当带领孩子深入了解不同生活的差异，这样才能激发孩子内心最强烈的欲望。

相信了有了这样的经历，大多数孩子都可以有所感悟，因为他们看到了不同人生 B 点的真实差异，也清楚了当前状态可能导致的成长结果。知道了自己不想成为的样子，孩子才会更加主动地追求想要的人生。

02 | 只有让孩子去观世界，
他们才能形成自己的世界观

　　父母带领孩子感受社会的残酷，可以让孩子感受人生 B 点的真实。父母带领孩子体会世界的美好，可以让孩子确定自己最渴望的人生目标。

　　我帮助了无数孩子定位自己的人生 B 点，这让我看清了一种教育方式：孩子的眼界决定了孩子人生目标的高度。在孩子成长的过程中，父母需要让孩子观世界，这样他们才能形成自己的世界观。

　　观世界不是看世界，走马观花无法拓宽孩子的视野，未曾体会当地的人文风情，未曾感受真实的生活差异，很难激励孩子。因为决定眼界的不是视觉，而是大脑。看世界只会让大脑产生画面的记忆，观世界是对世界的触摸和感悟。

▶▶ 故事 1：我要成为飞行员

　　胜者教育众多学员中有一位叫博文的学员让我印象十分深刻。这个男孩对网络游戏的痴迷程度令人惊讶，PC、平板电脑、手机的使用在博文的生活中可以实现无缝切换。博文的父母曾统计过，博文平均每天玩游戏的时间超过 16 小时。为了改善孩子的生活状态，父母把博文送到了胜者教育。

在与博文沟通的过程中，我发现这个男孩已经认定网络世界才是自己的世界，这个世界的精彩是现实世界无法比拟的。了解了孩子的态度后我没有进行任何反驳，而是请他为我展示了所谓的精彩。

博文自豪地向我炫耀了虚拟世界的财富与成就，从他骄傲的表情中我感受到了一种盲目的自信。在随后的一段时间里，我带领博文领略了现实社会中的种种精彩，正是真实感官的刺激击垮了博文对虚拟生活的依赖。

在迪拜的直升机上，博文亲身体会到置身万里高空的磅礴气势，这一刻博文说道："师傅，我以后要当飞行员，这才是我的人生梦想。"

不难看出，很多时候孩子的迷惘恰恰是因为缺少清晰的人生 B 点，而拓宽孩子的视野正是帮助其规划人生的正确方式。

▶▶ 故事 2：这个大学我必须考进来

娇娇是我见过的最娇弱同时也是最坚强的女生。娇弱是指她刚来到胜者教育时的任性表现，坚强是指其追求梦想时的坚定与执着。

从小娇生惯养的娇娇家境殷实，父母对其百依百顺。当时面对不思进取的娇娇，我也感觉十分头痛，因为在沟通中她讲得最多的是"无聊"。

于是我带领娇娇到剑桥大学、伦敦国王学院感受了其教育氛围，又带其领略了基层社会的生存法则，这个女孩才意识到自己视野的狭窄。

回国后，娇娇郑重地向我表示自己一定要考上伦敦国王学院。在随后一年多的时间内，她将学习成绩从全校 1200 多名提升到 280 名，高考时以高出分数线 150 多分的成绩考上了上海政法大学。2018 年，娇娇被伦敦国王学院录取。

▶▶ 眼界与心态

胜者教育带领学员观世界的方式丰富多样，我一直力求通过多种方式提升孩子的眼界、心胸与人生格局。比如我带着学员到知名大学体验生活时，会聘请大学教授现场为学员授课，让学员感受其育人方式；我带学员到非洲感受原始野性时，不会选择景点，也不会选择村落，而是到大自然中看狮子进食，让他们感受这个世界弱肉强食的法则，理解末位淘汰的规律。

另外，改变孩子的世界观并非只有向上一种途径，也需要让孩子感受到生活的疾苦。比如很多家境富裕的孩子从小云游四方，对国外生活了如指掌，这类孩子的世界观就容易变得狭隘，而且他们更容易丧失人生目标，无法正常融入社会。于是，我在胜者教育开设了沙战项目，带领这些孩子在沙漠中自力更生，感受恶劣条件下的生活方式，使学员了解生活资源的珍贵，明白身在福中不知福的道理，经历了磨难孩子才懂得幸福的可贵。

03 | 导航思维：
人生的路，让孩子看到全貌

在教育孩子的过程中我也在不断提升自己，我经常思考、揣摩父母的教育思想。小学时我学过一篇课文，名为《我要的是葫芦》。故事讲的是一个男人在家种了一棵葫芦，精心照顾着葫芦，当葫芦发芽、开花、结果后，男人望着小葫芦欣喜不已。

有一天，葫芦的叶子上出现了几只虫子，邻居便提醒他葫芦该除虫了，不然叶子就要被吃掉了。可那个男人却说他要的是葫芦，叶子没了又有什么关系。果然不久后，虫子吃掉了所有叶子，葫芦藤逐渐变黄，小葫芦全部掉落下来。

我从事教育工作后经常会想到这个经典的小故事，因为我发现当代很多父母渴望着"葫芦"，却不知该如何促进"葫芦"的成长。父母辛勤耕种、全面呵护、施肥浇水只求孩子可以结出更丰硕的果实。只是我更希望父母时刻保持清醒，教育的目的不是获得"果实"，而是孩子"结果"的能力。

我经常为父母做这样一个比喻：教育孩子如同帮助孩子导航，我们可以提醒孩子哪个方向、哪条道路离目标更近，但方向盘一定要交到孩子手里。

例如，比尔·盖茨小时候兴趣十分广泛。他学过长号，也钻研艾德格·来斯·格洛兹笔下的泰山和火星人，还浏览过整部《世界图书百科全书》。比尔·盖茨的父亲非常尊重孩子的兴趣，更懂得如何让孩子在兴趣中所有收获。他允许比尔·盖茨随便阅览自己的藏书，还会主动与孩子探讨书中的内容。在这一过程中，比尔·盖茨学会了理智、缜密的处事方式，并养成了独立思考的习惯。比尔·盖茨在回忆成长时说道："成长期间，我的父亲总是鼓励我广泛阅读，并且学会独立思考。他会与我讨论一切，甚至包括政治。"

不难看出，比尔·盖茨的父亲掌握了家庭教育的精髓，他懂得教育是教会孩子选择，而不是代替孩子选择。孩子的兴趣值得被尊重，对待兴趣的最好方式是引导，而不是主导。通过这种教育思维，比尔·盖茨的父亲引导其找到了自己的人生。

教育是父母不抱怨、不强制、不干扰、不停歇的引导行为，在孩子走错时父母可以提醒，在孩子迷路时父母可以指引。父母的责任是让孩子看清人生旅程的全貌，但不能代替孩子选择。因为一旦父母主导孩子的方向，孩子便会从司机变为乘客，从而失去人生的方向。

04 | 全面了解孩子
才能因材施教

　　我听到过很多感激的话语，比如"张老师太厉害了，居然把孩子教育得这么棒"。听到这些话时我却要不停地解释，孩子能够取得今天的成绩不是因为胜者教育，而是孩子本来就很优秀，胜者教育只不过挖掘了孩子的潜力。

　　举一个简单的例子，如果孩子自身没有音乐天赋，我无论如何也无法将其培养成音乐家。胜者教育培养优秀青少年的过程不过是对孩子的天赋进行定位，挖掘了孩子的特质，并加以引导、强化，让孩子展现出应有的实力。

　　2018 年，我遇到过一位家庭情况特殊的母亲，她的孩子年仅 9 岁居然就有了抑郁症倾向。我非常奇怪，了解了真实情况后又吃了一惊。这个小男孩从幼儿园开始便十分顽皮，上小学后更是班里的捣蛋分子。父母发现其顽劣程度已经到无法自控的地步，每天都要处理孩子引发的各种意外情况。为此，这位母亲求助过医生，对孩子进行过心理治疗，而医生给出的答案是"多动症"。我曾详细了解过多动症的具体特征，发现这位男孩虽然顽皮，但并没有兴奋不安、情绪不稳、感情脆弱等表现，所以并不能完全确认为多动症。但这对父母当时却深信不疑，并让孩子服用了一些相关药物。在药物的抑制下，小男孩 9 岁时终于没有那么顽皮了，可他对学习、生活也失去了兴趣。

了解到这一情况后，我请来了胜者教育的心理专家对孩子进行心理评估。评估结果显示，孩子的精力极其旺盛，如果正确引导，孩子的学习效率、做事效率可以远超正常水平，但如果强行压制，反而会催生孩子好动、顽皮等不良习惯。

不久后，在胜者教育的正确引导下，孩子的性格逐渐恢复正常，并表现出了超高的智商与动手能力。父母也看到了孩子的天赋，并庆幸未因自己的失误毁掉孩子的一生。

所以我坚信，在教育孩子的过程中，全面了解孩子非常重要，这样才能够因材施教，孩子的特质才能够及时被强化，孩子的天赋才不会被埋没。

05 | 预演模型：
畅想多种可能性，再做沙盘预演

我常说，人生是所有经历的总和，我们的任何经历，不只属于当下，更属于全部人生。

多年的教育历程让我认识到，父母设计孩子的人生时不应该是一种主导，而应该是一种陪伴与推动，陪伴孩子设计人生可以分为三个阶段：定框架，即描画人生的思维导图；定方式，即学会向自己提问；定格局，即分享人生的计划。通过这种方式，孩子的人生才能完整预演，孩子的未来才更加清晰。

▶▶ 人生的思维导图

人生的思维导图可以让父母和孩子对未来的道路一目了然，有利于父母对孩子进行引导，有利于孩子对未来进行规划。设计人生的思维导图其实并不复杂，只需要父母与孩子将人生评估、人生指南针、人生路径、目标原型和成长中常见的几种可能进行预演，具体规划方式如图 6-1 所示。

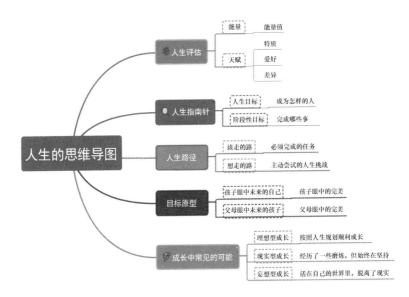

图 6-1 人生的思维导图

（1）人生评估。人生评估分为两个重点。一是孩子的能量值，这需要用专业方法进行测试，以此确定孩子可能达到的人生高度；二是天赋，父母从孩子的特质、爱好、差异中进行定位，并加以强化。

（2）人生指南针。人生指南针分为人生目标与阶段性目标。人生目标是指孩子最终想成为怎样的人，比如成为飞行员等；阶段性目标是指孩子首先要做到哪些事，比如考上 ×× 大学等。

（3）人生路径。人生路径分为该走的路与想走的路，父母需要让孩子明白，只有走完该走的路才能走想走的路。该走的路是指为达成人生目标必须完成的任务，想走的路是指孩子想主动尝试的人生挑战。

（4）目标原型。目标原型设计分为孩子眼中的自己与父母眼中的孩子，孩子可以自己设计未来的样子，父母也可以表达期望孩子成为的样子，但主导权一定在孩子手中，父母的建议仅供孩子参考。

（5）成长中常见的可能。预演孩子的人生可以让孩子按照人生常见的发展可能进行后果的思考。人生常见的可能一般有三种。一是孩子有清晰的人生目标并完全按照规划生活；二是孩子在成长过程中有失误，走过弯路，但其人生目标不曾偏移；三是孩子感觉生活迷惘，或长期活在自己的世界里，这种自以为是往往会让自己脱离现实，与他人格格不入。

通过这种方式，父母可以陪伴孩子进行人生的沙盘预演，孩子也可以对自己的未来有更明确的印象。

▶▶ 学会向自己提问

设计人生经历不是凭空幻想的过程，而是孩子不断向自己提问并不断回答的过程。比如孩子问自己想成为怎样的人，成为这样的人需要做哪些事，在努力的过程中生活会发生哪些改变，这样的生活是不是自己喜欢的生活，这便是设计人生的过程。

日本作家粟津恭一郎在《学会提问：实践篇》一书中写道："鲜为人知的是，正是这些内心里的提问控制着我们的行动。我们向自己提问，得出答案，然后采取行动。"

心理学家莫勒把提问称为"使大脑实现程序化的最强力的手段之一"，因为提问具有引发思考的力量。孩子在规划人生时恰恰需要这种力量，因为每一个问题都会影响孩子的想法和行动。

▶▶ 分享人生计划

陪伴孩子设计人生的最后阶段便是与孩子分享人生，孩子和父母分享人生计划，父母和孩子分享人生经验。

在孩子分享人生计划的过程中，我希望父母学会倾听，对孩子的人生规划进行建议与引导，但不要控制、反驳，即便孩子的目标设定有问题，也要让孩子自己去发现，去感悟，因为强硬的否决大多会激发孩子的叛逆心理。正如作家安妮宝贝所说，父母与孩子的人生完全独立，孩子需要按照自己的方式成长。

父母和孩子分享人生经验，重点是分享自己走过的弯路、对失败的感悟，以及自己获得的成功、获得成功的方式和获得成功的喜悦。父母应当用最柔软的力量感染孩子，让孩子感受到父母的关怀与用心，感受到父母的支持。

通过这三个阶段的预演，父母和孩子就可以对未来有一定的认知，并为各种情况做好准备。我再次强调，父母不能以爱之名主导孩子的人生，要尊重孩子的选择。保持这种思维的父母便可以在人生预演中发现，父母的恰如其分的引导可以让孩子不畏各种艰难。

06 | 从追寻快乐到快乐地追寻

　　很多父母认为，孩子的人生方向是追寻快乐，但我坚信孩子的成长应该是快乐的追寻。因为快乐，孩子才能精神饱满，在逐梦过程中不知疲惫，才能够保持充足的驱动力。

　　有一句名言叫"书山有路勤为径，学海无涯苦作舟"，很多父母对后半句的理解有误。

　　"苦"是孩子主观上的刻苦精神，而不是被动的痛苦感受。正是父母陷入了思维误区，才让孩子的痛苦变为了"理所应当"。

▶▶ 底线思维

　　聪明的父母应当学会保护孩子的快乐心态，让孩子找到学习的乐趣，这需要父母学会运用底线思维，成长为引导式父母、陪跑式父母。

　　底线思维非常简单，是指把事情最坏的一面展现出来，让孩子思考能否应对。如果孩子可以应对，则鼓励孩子尝试；如果孩子不能应对，则告诉孩子需要重新选择。

　　孩子在成长过程中因心智、价值观不成熟，缺乏对事物的理性认知，容易做出冲动的选择。父母运用底线思维可以帮助孩子正视自己的选择，确保孩子的状态保持为"快乐地追寻"。

例如，孩子表示想学习跳舞，普通的父母会马上思考如何选择更好的培训班，但聪明的父母会先带孩子领略顶级舞蹈家的舞姿，让孩子产生崇拜感，强化孩子的学习欲望。

聪明的父母还会让孩子了解学习跳舞需要承受的痛苦。这就是底线思维，孩子了解到两个方面的真实情况后，才能够理性、正确地抉择，并思考自己是否能够保持"快乐"的心态，是否会因为冲动而半途而废。

▶▶ 引导式父母

除善用底线思维之外，有原则的父母还要努力成长为引导式父母。引导式父母具有三个特点。

第一，重视孩子的兴趣。孩子在成长过程中会对各种新鲜事物产生兴趣，父母应该重视孩子的兴趣，因为兴趣是孩子展现天赋与特质的重要表现形式，也是孩子进入快乐状态的主要诱因。

第二，尊重孩子的选择。当孩子的选择不能令父母满意时，很多父母会选择拒绝，且拒绝的理由常常是主观的、强硬的。我一直强调，孩子的人生仅属于自己，父母可以引导，但不能主导。所以我更希望父母通过人生预演、底线思维等方式让孩子理性、正确地认识自己的选择，而不是野蛮地拒绝。

第三，陪同孩子思考。孩子遇到困难时父母不要教导、指点，选择陪同思考往往可以获得更佳的效果。

台塑集团创始人王永庆是我国著名的慈善企业家，他在孩子眼中一直是刚正的"严父"。女儿王雪红这样形容过父亲：儿时感觉父亲非常严肃，是自己心中的"神"，但父亲对我的爱从不曾缺少。

王雪红从小喜欢音乐，一心想到国外留学成为歌唱家。王永庆从未阻拦过，只是在陪王雪红郊游、散步时为其分析梦想，让其认清歌唱家的人生是不是自己喜欢的生活。在王永庆的影响下，王雪红发现了自己经商的才能，并将自己的音乐梦想转变为商业梦想。长大后，王雪红创办了 HTC 公司，成了国内第一个搭载安卓操作系统的手机品牌商，并先后多次登上"福布斯全球百大权势女性榜"。2020 年，HTC 全面从手机行业转型到 VR 领域，并占据了全球 35.7% 的 VR 市场，成了国内当之无愧的 VR 引领者。

从王雪红的成长与王永庆的慈父情怀中可以看出，睿智的父母很少拒绝孩子，更多是陪伴孩子思考，给予人生引导，这种方式也是确保孩子快乐追寻的重要方式。

▶▶ 陪跑式父母

我认为，如果把孩子的成长比作一场长跑，那么父母有两个身份，一是教练，二是陪跑员。所谓陪跑员，是指父母把自己放入孩子的成长环境，加深对孩子真实感受的了解，能够带给孩子更多的温暖、更及时的帮助。很多父母自视为孩子的领跑者，却未在意孩子的前进方向与自己并不相同。

从理论上讲，陪跑式父母有两个独特的优势，可以确保孩子更健康，更优秀。

首先，陪跑式父母更懂得如何培养孩子。因为了解了孩子的生活方式、思维方式，所以陪跑式父母可以更准确地把握孩子的人生 B 点，对孩子的人生规划自然更加清晰。

其次，陪跑式父母更懂得如何引导孩子。因为在陪跑过程中，父母不再是观众，而是孩子成长的参与者，有了真实的感受，父母便能够懂得如何引导孩子"快乐地追寻"。

第三部分

卓越人士的六个特质： 如何让孩子成为完整的个体

很多父母认为，那些取得耀眼成就的青少年都是万里挑一的天才，可遇而不可求。事实上，世界上所有天才青少年没有一个是仅靠天赋就能取得成功的。在理性、科学的教育下，只要孩子的天赋被挖掘，特质被培养，心智被强化，加上父母良好的培养，每一个孩子都会取得不错的成就。

第 7 章

具有强大的意志力：卓越人士的基础特质

　　胜者与败者、强者与弱者之间的根本区别不是能力差距，恰恰是意志力差距。胜者和强者懂得在学习疲惫时告诉自己多学 5 分钟，懂得在体力将要被耗尽时告诉自己再坚持 5 分钟，正是无数个 "5 分钟的坚持" 才成就了胜者和强者的人生。

01 | 心智能量：
意志力的产生与损耗

　　意志力是一种强大的心智能量，它可以控制人类不被外界干扰，调节自己的行动，克服难以想象的困难，自觉完成既定目标。我研究意志力的初衷是强化青少年的自立性与主动性，可真正了解意志力之后我发现，意志力对青少年成长的促进远超我的想象。比如斯坦福大学心理学家凯利·麦格尼格尔女士提出"意志力是人类控制自己注意力、情绪和欲望的能力"，美国心理学家罗伊斯则认为，意志力是一种精神力量，这种力量决定着我们行为的方方面面。

　　拥有强大意志力的人往往可以表现出自律、自强、自我驱动的特性，而意志力正是青少年成才成功的基础特质，是孩子成为社会精英的重要基础。

　　很多父母表示，孩子严重缺乏意志力，不自律、优柔寡断、性格懦弱，如何培养孩子的意志力已成为让很多父母头疼的问题。我在这里提醒所有父母，培养、提升、强化孩子的某一种能力，首先要了解这种能力的特点，之后才能结合孩子的成长进行更合理的训练。我自认为是较早研究强化青少年意志力的教育人士，但在研究过程中却发现不少教育学家、心理学家早就对这一领域展开了深入探索。这些学者通过实验证明，意志力是一种人体的生理机能，它如同人类的力气一般，随着人体活动而产生，但每次使用都会消耗，且使用过度会产生疲惫感。

对意志力研究比较权威的学者当属心理学家罗伊·鲍迈斯特，这位美国佛罗里达州立大学的教授花费了十几年的时间进行了意志力的研究。在十几年的研究过程中，罗伊·鲍迈斯特进行过一系列的相关测试与实验，其中一个典型的实验充分证明了意志力的产生、调动与消耗过程。实验内容是这样的。

午饭时间，罗伊·鲍迈斯特找来了两组学生，他在每个人的面前都摆上了两份食物，一份是香甜可口的巧克力蛋糕，另一份是胡萝卜。罗伊·鲍迈斯特先让两组学员在 20 分钟内只能看，但不能触摸这些食物。20 分钟后，罗伊·鲍迈斯特告诉第一组学生，可以随便挑选一种食物食用，而对第二组学生说，如果感觉到饿只能吃胡萝卜。

罗伊·鲍迈斯特下达指令后，第一组学生迫不及待地选择了巧克力蛋糕，开始大快朵颐，而第二组学生却满脸苦相，犹犹豫豫地拿起胡萝卜进行咀嚼。期间罗伊·鲍迈斯特看到，第二组中的一个学生拿起了巧克力蛋糕，闻了闻之后又无奈地放回了原位。这一阶段的实验充分证明，第二组学员不仅调动了自己的意志力，更在意志力不足时让身体产生了意志力。

随后，罗伊·鲍迈斯特又开始了第二阶段的实验。他让两组学生将双手放到冰水当中，看哪一组学生坚持的时间更长。结果显示，第一组学生平均坚持了 16 分钟，而第二组学生平均仅坚持了 8 分钟。

这个实验充分说明，意志力如同人体的其他心智能量，在体内产生，被大脑调动，会被某些行为消耗，且意志力拥有一定总量。另外，人与人之间的意志力储存量也存在差别，所以人的自控力、耐久力、坚强程度才会出现差异。

了解了意志力的本质后，我们再来分析意志力的产生与消耗。美国心理学教授詹姆斯·普罗斯把人类产生转变的过程分为了四步，而这四步恰恰明确了意志力的产生与消耗。

① 抵制——不愿意转变。

② 考虑——权衡转变的得失。

③ 行动——培养意志力来实现转变。

④ 坚持——用意志力来保持转变。

在这四步中，从第三步"行动"开始，人体便产生了意志力，第四步正是人类消耗意志力的状态。这四步中决定转变结果的正是第三步和第四步，如果人体产生的意志力大于消耗量，则可以完成转变，如果意志力的消耗量大于产生量，则转变失败。

比如，父母要求孩子规范作息时间，早睡早起。第一天早晨六点叫醒孩子时，如果孩子产生的意志力充足，足以支撑其完成起床的动作，则孩子可以早起。如果这一天孩子消耗了大量的意志力，而第二天孩子身体产生的意志力不足，则无法早起。

那么，孩子的意志力能否增强呢？罗伊·鲍迈斯特通过各种实验证明，人体的意志力总量虽然有限，但可以进行强化，且在正确的方式下强化速度、强化结果远超大家的想象。

02 | 意志力
有限但可以强化

作为人类强大的心智能量，意志力极其宝贵，它的产生与消耗不仅影响着孩子的行为、思维，更影响着孩子的性格与心态。父母都希望孩子的意志力得到加强，却很少有人了解正确的方法。

罗伊·鲍迈斯特在研究意志力十几年后，提出了"肌肉能量模型"理论，他认为：意志力就像肌肉一样是有限的，会随着使用而快速消耗；同样，意志力也像肌肉一样，是可以通过锻炼增强的。

▶▶ 意志力是有限的

从罗伊·鲍迈斯特的研究中可以看出，人类意志力的储存量是有限的，因此，意志力的消耗方式、使用时机成了意志力价值的决定因素。实验证明，生活中消耗意志力的状态有两种，一是刻意坚持，二是做决策。

人体在刻意坚持状态中意志力的消耗会不断增加，坚持的时间越长意志力消耗越多。很多孩子缺乏耐心、持久力，正是意志力不足，短时间内消耗殆尽的表现，所以，我认为父母可以尝试引导孩子把意志力用在最值得坚持、最有意义的行为之上。

做决策时人体会产生纠结、犹豫的情绪，在这种状态下意志力的消耗也非常迅速，但伴随着决策的产生，意志力的消耗会马上停止。正如在罗伊·鲍迈斯特的实验中，第二组有一个学生拿起巧克力蛋糕闻了闻，在这一过程中如果这个同学的意志力消耗殆尽，则会选择吃下蛋糕，在这个学生放下蛋糕拿起胡萝卜的那一刻，犹豫的状态发生改变，意志力的消耗自然也会停止。

因此，父母要培养孩子坚强果断的性格，减少不必要的意志力的消耗，这样会让孩子日常的自控、自律能力更强大。

▶▶ 意志力是可以通过训练来强化的

罗伊·鲍迈斯特之所以将意志力的模型定义为"肌肉能量模型"，是因为人体的意志力如同肌肉的力量一样，被消耗后会通过休息渐渐恢复，且随着训练不断增强。强化意志力的方法与锻炼肌肉的方式类似，需要经历一个由易到难、由弱到强的过程。

很多父母了解意志力可以通过训练而得到强化，却不知道提升孩子的意志力应该讲求哪些方法和技巧。培养孩子意志力是一个让孩子感到痛苦的过程，而让孩子无惧痛苦、直面痛苦、迎接痛苦需要父母的支持与肯定，并且父母要为孩子量身定制训练计划。

在培养当代精英青少年的过程中，我总结了多种强化方法，不过各种方法都遵循着相同的规律。强化孩子意志力的第一步是确定孩子意志力的总量。比如孩子意志力薄弱，生活懒散无节奏，父母想让孩子瞬间变得自律非常困难。早晨孩子按时起床会消耗一部分意志力，上午上课认真听讲再消耗一部分意志力，中午未到孩子的意志力已经消耗殆尽，下午上课自然心不在焉，回家后写家庭作业时必然拖拖拉拉。

这种情况十分常见，并非孩子不愿意改正错误，而是其意志力不足以支撑其完成转变。

可见，先确定孩子意志力的总量，再制定强化方法，孩子和父母才能够看到真实的改善效果。比如第一天只要求孩子做到早睡早起，如果孩子可以轻松完成，第二天则在早睡早起的基础上附加上午认真听讲的要求，以此类推，直到孩子无法达成全部要求为止，这时孩子意志力的总量便可以确定下来。

强化意志力的第二步是将意志力进行合理分配，让孩子获得更多的成就感。比如我为胜者教育制定的各种强化意志力的课程，均可以让孩子清楚感受、见证自己的成长。孩子收获成就感、幸福感之后，自然也乐于强化自身的意志力。

强化意志力的第三步是要提升孩子主动锻炼意志力的意识。我制定过多种意志力锻炼方案，对比各种效果后得出，体能锻炼是提升孩子主动锻炼意志力意识的最佳方法。一方面因为体能锻炼可以让孩子清楚地感受到身体的变化，另一方面体能锻炼产生的效果可以同时作用于身体与精神两方面。

比如父母陪孩子长跑。孩子在跑一段时间后对疲惫的感受十分真切，当孩子感觉胸闷气短、口干舌燥时代表身体与精神已经达到一个临界点，孩子随后的坚持完全依靠意志力。这时，便是父母应该为孩子记录的起点，给予及时、充分的鼓励，告诉孩子不要放弃，咬牙坚持，不断告诉自己还可以再多跑一米。到孩子意志力消耗殆尽时，父母可以让孩子回头看一看自己跑过的路，这时孩子就可以意识到人体除了体力之外还有一种意志力，大脑发出的疲惫信号只是错觉，自己真实的力量远比想象的强大。

03 | 再坚持五分钟，
你就赢了

意志力是精英青少年的基础特质，也是当代青少年成为社会英才过程中的必备素质。纵观当代各领域的强者，无一不具备强大的意志力。缺乏意志力的人不懂得坚持的可贵，更难以品尝成功的甘甜。

在强化青少年意志力的过程中，我总结了三种关键技巧，通过这三种技巧的运用，父母在短时间内可以看到孩子意志力提升的效果。

▶▶ 内心的坚持

内心的坚持分为两个方面，一方面是针对自己，另一方面是针对他人。针对自己是指孩子在犹豫时会及时给予自己鼓励，不断为自己设定目标。比如"再坚持五分钟""再坚持三分钟""再坚持一分钟"，在一个个小目标的激励下，孩子的意志力可以被深度激发。针对他人是指把坚持的压力送给他人，这种强化意志力的方法适合多人比拼的情形，比如告诉自己，对手已经坚持不了五分钟，我只需要再坚持五分钟就能获得胜利，或对手已经坚持不了三分钟了，我一定要再坚持三分钟。"坚持"是其意志力消耗的主要方式，同时也是锻炼意志力的最佳途径。孩子每多坚持一分钟，意志力便可以增长一分。

▶▶ 身体的挑战

胜者教育中有一门"挑战沙漠"课程，我设计这门课程的初衷正是强化孩子的意志力，让孩子亲身感受何为挑战、何为坚持、何为突破。

这门课程看似简单，但过程中每个孩子都可以得到内心深处的触动。从小娇生惯养的孩子到达沙漠后的第一反应是新鲜，随后就会感受到环境的恶劣。这里没有美味佳肴，没有零食和玩具，只有扑面而来的风沙。

在整个过程中，孩子们需要靠自己的双手、双脚完成各种任务。胜者教育的导师会给予保护，给予鼓励，但不会出手相助。在肆虐的风沙中，我看到了很多孩子的自我突破，这种从恐惧到愤怒，最后逼迫自己学会坚强的过程是孩子的收获，也是孩子正确认识自己的最佳方式。

总结了强化青少年意志力的心得后，我认为身体挑战是强化意志力的必要方式，更是主要方式，在特殊环境下孩子的意志力更容易被激发，孩子的心智才能够健全，心态、人生观、价值观才会发生转变。

另外，通过身体挑战强化孩子的意志力也需要掌握一种技巧——让孩子端正态度。

例如，如果父母对孩子说，为了锻炼你的意志力，我要求你练习长跑。这时，孩子的内心一定是抗拒的，这种被动遵循的心态会让孩子很痛苦，训练效果自然大打折扣。但如果父母对孩子说，我想陪你挑战下长跑，我们可以比一比看谁跑得久。这时孩子的心态则会变为主动迎接挑战，在锻炼过程中父母对孩子的鼓励、引导才更加有效，孩子的意志力才会被有效强化。

我正是通过这种方法引导孩子进行各种身体的挑战，在挑战的过程中让孩子看到意志力的重要性，感受到意志力提升的前后差异。

▶▶ 吃出意志力

科学证明，意志力是人体内真实存在的一种能量，而医学专家也已经通过实验证明，意志力能量的主要载体是人体血液中的葡萄糖。当意志力消耗时，人体血液中的葡萄糖便开始减少。从这一角度分析，意志力也可以通过饮食来补充。胜者教育在强化孩子意志力的过程中，会为孩子准备各种果汁、葡萄糖饮料，这不仅是为孩子增强营养，更是保持其意志力的方式。另外，医学专家提示良好、充足的睡眠可以加快大脑和肌肉的恢复，这也是保持意志力的良好方法。所以在强化孩子意志力的过程中，一定要确保孩子的作息时间规律、健康。

04 | 如何制作
意志力任务清单

青少年意志力的强化是一个循序渐进的过程，循序渐进地强化需要一份意志力任务清单。孩子可以通过完成任务的方式，逐步升级，最终达到强化意志力的效果。

不过，父母为孩子制定意志力任务清单不能凭空想象，需要有方向、有针对性地设计。以胜者教育为学员制定任务物清单为例，每一项任务清单都有清晰的提升目标，其作用是让孩子养成良好的习惯，并借助奖惩措施增强效果。

▶▶ **清晰的目标**

强化孩子意志力的首要任务是帮助孩子找到一个具体、清晰的目标。比如早睡早起、每天坚持晨练等。这些清晰的目标可以让身体、心态、性格、情绪得到良性转变。

制作意志力任务清单的方式看似简单，其实非常考验父母的教育智慧。我看到很多父母在为孩子制作意志力任务清单时容易陷入一个误区：设定过多的目标。最终结果是孩子强化意志力的速度不仅没有提升，反而因繁多的目标降低了强化效果。

父母陷入这种误区主要是因为急于求成，美国励志先驱本杰明·富兰克林也曾犯过类似的错误。富兰克林晚年回顾人生时说过一段往事，称自己二十几岁时便给自己设定了多个纠正坏习惯的目标，可结果却不尽如人意。

富兰克林的原话为："一个大胆而艰巨的计划在我的头脑中形成了，我要让道德达到完美境界。我希望能在这个世界上生活却不犯任何一点过错。我将征服自己所有的缺点，不论是天性、习惯方面的缺点，还是从朋友那里沾染过来的缺点。"

可结果一段时间过后富兰克林一个坏习惯都没能改掉，原因是"当我小心谨慎地防备着某一缺点出现时，却出乎意料地冒出另外一个缺点。习惯总会乘虚而入，习性往往强于理智"，这恰恰是因为目标设定太多，反而失去了明确性。

最后，富兰克林采用"分而化之"的方式改掉了坏习惯，并总结道："我认为最好不要一下子都去尝试，这是很难办到的，最好的方法还是把注意力放在一个上面。"

可见，强化孩子的意志力不可急于求成，保持清晰的思维逻辑，将各种强化任务进行分类排序，选择意义重大、效果明显的任务入手，之后逐一完成，这样可以收到更好的效果。

▶▶ 梦想指引

所谓梦想指引，是指以梦想为方向，将意志力任务清单进行分类。即实现梦想的过程中我要做什么，我不能做什么，我想做什么。

（1）我要做什么。我要做什么是制定清晰的目标，通过这些阶段性目标最终达成梦想。比如孩子想要考剑桥大学，要实现这个目标，孩子的雅思分数要达标，而雅思分数与词汇量存在直接关系，所以孩子要制定清晰的词汇量积累计划。当孩子学习松懈时，父母可以让其看看自己的人生规划，想一想人生目标，以此强化孩子的意志力。

（2）我不能做什么。为达成人生目标，孩子自然有不能超越的底线。比如孩子的梦想是当飞行员，而当飞行员对视力有要求，所以孩子在日常生活中就不能从事长时间耗费视力的活动。

（3）我想做什么。孩子想做的事可以增强其主动性、专注度、耐久力，尤其在追求梦想的过程中，孩子想做的事可以提升孩子强化意志力的主观意识。所以，意志力任务清单中可以出现一些孩子喜欢同时有挑战的任务，通过完成这些任务让孩子的意志力得到增强。

▶▶ 养成习惯

当意志力训练成为生活习惯时，证明孩子的意志力、体能、心智都得到了提升，不断养成更多良好的生活习惯、学习习惯代表孩子的意志力在不断强化。

胜者教育强化青少年意志力的策略经过了多次升级，因为我发现自己最初制定的强化方法过于注重结果，忽视了青少年的接受能力。好在我从凯利·麦格尼格尔博士的《自控力》一书中受到了启发，凯利·麦格尼格尔博士认为"习惯的养成贵在坚持，但要讲究技巧"，于是我在培养青少年养成良好习惯时融入了一些技巧。

（1）少量定额，超量完成。良好的生活习惯、学习习惯可以从一个小的任务量开始，但父母要鼓励孩子超量完成。比如让孩子每天背3个单词，当孩子每天可以轻松背5个单词时，孩子不仅获得了成就感，也会越发自信。

（2）习惯分类，重点培养。培养习惯同样需要设定目标，所以习惯也需要分类，并逐一强化培养。由于孩子的精力、意志力有限，我建议父母在培养孩子良好习惯的过程中不要同时培养3个以上的习惯，否则培养效果将会下降，且孩子的意志力容易消耗过度。

（3）给予空间。习惯养成的方式父母可以建议，但一定是孩子主导。父母不能因追求效率而干扰孩子的习惯，应该给予孩子更多的空间，让孩子主动强化自己的惯性行为。

▶▶ 借助奖惩

借助奖惩是指配合意志力任务清单制定奖励和惩罚措施。恰当的奖惩制度可以起到激励作用，增强意志力的强化效果。同时，也可以提升孩子的收获感、自信度，进而积极主动完成各项任务。

05 | 情绪温差：
疲劳与偷懒

　　美国心理学家、经济学家乔治·洛温斯坦教授曾提出过一个名为"情绪温差"的理论。所谓情绪温差，是指当一个人冷静时完全不会想到自己激动时的后果，情绪的"冷"与"热"决定事情的不同结果。我经常和前来胜者教育求助的父母分享这一知识，因为对"冷热"的控制决定着父母的教育成果，也影响着青少年意志力的强化效果。

　　从情绪温差的逻辑出发，孩子在体力充沛时不会体会到疲惫的痛苦，所以很容易草率地制定长跑、军训等任务。在进入痛苦的状态后，孩子便开始后悔，意志力被迅速消耗，进而放弃。

　　可见，强化孩子意志力之前父母当及时让孩子了解情绪温差，并消除孩子的情绪温差。情绪温差产生的主要原因在于训练前后身体感受与精神感受的差异较大，针对这种情况，我认为父母可以通过强化孩子的身体素质、情绪和心念控制力等方法来消除情绪温差。

▶▶ 身体训练

我提出的身体训练不是单纯的体能体魄锻炼，而是指通过一些动作、行为，强化孩子的心智，消除情绪温差。在分析了罗伊·鲍迈斯特的《意志力》，凯利·麦格尼格尔的《自控力》，以及加布里埃尔·厄廷根的《反惰性》之后，我发现通过身体锻炼增强意志力的方法并不复杂，这些知名教授的心得中普遍提到了以下几种方法。

（1）学会冥想。冥想是孩子锻炼大脑专注度的主要方式，通过冥想孩子可以迅速恢复平静的心态，进而消除情绪"冷热"的差异。这种方法多用于青少年，年龄低于8岁的孩子因思维活跃，很难进入冥想状态，故不适用。

（2）做伸展动作。在孩子意志力消耗加速时，可以通过一些伸展动作缓解大脑与身体的压力，并缓解内心的负面情绪。比如孩子学习一段时间后，学习状态开始下滑，则可以通过简单的伸展动作舒缓情绪，进而恢复学习专注度。

另外，伸展动作也有利于缓解运动过后的肌肉酸痛，降低运动过后的疲劳感，减少孩子身体疲惫时产生的负面情绪。

（3）养成记录的习惯。在意志力强化的过程中，父母可以引导孩子养成记录的好习惯，将自身的改变进行明确记录。通过这种方式孩子可以对比出自身的明确改变，并放大收获感与成就感，也可以有效消除情绪温差。

（4）加强针对性锻炼。孩子对不擅长的动作、行为要加强锻炼，这是消除孩子恐惧感、逃避感的主要方式。因为在孩子不擅长的领域提升空间较大，所以孩子的成长更加明显，这种成长有助于培养孩子自信，增强其主动强化意志力的欲望。

（5）对潜意识的决策保持清醒。情绪温差最主要的表现为潜意识的决策，比如父母问孩子第二天能否 6 点起床晨练，孩子在毫无困意时潜意识认为这毫无难度，所以会马上同意。这时父母要提醒其保持清醒，对自己的决策负责。当孩子意识到决策对应的责任时，第二天起床便不会产生抱怨情绪，情绪温差也会随之降低。

▶▶ 情绪训练

情绪温差很容易导致孩子情绪激动，而在情绪激动的状态下孩子意志力的消耗也会加速，甚至做出不理性的决策。美国心理学教授朱莉·卡塔拉诺在《情绪管理》一书中提到，情绪训练在很多情况下等同于意志力锻炼，控制情绪也是增强意志力的主要行为。青少年增强意志力可以从以下几方面入手。

（1）情绪激动时学会自我调节。当孩子懊恼、愤怒、悲伤时，父母要提醒其控制情绪，并鼓励其自信、坚强，以有效控制住情绪。这种方法有助于增强孩子的自信心与自控能力。

（2）情绪激动时学会自我暗示。孩子情绪激动时父母可以及时进行暗示，向孩子传递一些积极的信息，或引导其联想一些积极的信息。比如"你已经做得非常棒了，你是爸爸的骄傲"等。通过这些暗示调整孩子的心态，改变孩子的情绪。

（3）情绪激动时学会正确发泄。控制激动情绪的最佳方法是发泄情绪，但发泄情绪时不要伤害他人，也不要影响他人。比如可以通过跑步的方式发泄情绪，通过大声朗读古诗、背单词等方式发泄情绪。

（4）情绪激动时学会及时转移。孩子情绪激动时父母可以引导孩子将注意力进行转移，比如让孩子听一听音乐、陪孩子做一些其感兴趣的事等。

以上几种方式可以有效提升孩子的情绪控制能力，但需要不断练习。善用情绪控制，孩子就可以保持正确的心态，自身的意志力才能有效强化。

▶▶ 控制心念

除控制情绪外，孩子在强化意志力的过程中还要学会控制心念。

比如在胜者教育的沙战活动中，孩子们顶着 8 级风沙在沙地中艰难前行，这时如果队伍中有人开始抱怨"好累、好渴"时，很容易引起一连串的连锁反应。事实上，喊累、喊渴的孩子中有很大一部分还能够继续坚持，但受到了别的孩子的影响，意志力才加倍消耗。

控制心念，让孩子保持专注、专一的方法非常简单。只要让孩子进行"不听、不看、不问、不想"的专注训练即可。不听是指在强化意志力的过程中主动忽略听到的负面信息，不看是指不主动看他人的痛苦状态，不问是指不询问他人的感受，不想是指不被无关信息打扰。通过这种训练，孩子的心念就可以得到有效控制，同时意志力可以得到强化，情绪温差的出现概率也会大幅降低。

06 | 挺住！
熬下去的秘密

我多次向父母解释，强化孩子意志力的过程是孩子经受各种痛苦的过程，这对孩子与父母而言都是一种煎熬，这期间父母的坚强是孩子坚持的重要保障。在这一过程中，父母和孩子都要"熬下去"。

"熬下去"在不同人眼中有不同的含义。在我看来，熬下去是孩子敢于接受挑战、勇于自我突破的表现；在父母看来，熬下去代表孩子的坚持、坚强，孩子将成为最后的赢家；在孩子看来，熬下去代表自己能力的提升，代表着自己生活方式的改变。

▶▶ 如何培养敢于接受挑战的孩子

我通过对多种强化孩子意志力方法进行总结、梳理，提炼出了一套培养精英青少年的意志力强化方法，这种强化方法包括四个方面，我将这四个方面融入了胜者教育的日常教育中。我相信针对这四个方面进行强化，孩子意志力的增长才可以成效显著。

（1）挖掘天赋，正确引导。胜者教育对孩子意志力的强化注重改变孩子的心态。通过挖掘孩子的天赋、进行针对性引导的方式增强孩子的主动性，让其将强化过程视为主观挑战，并给予充分的鼓励与支持，令其得到最大幅度的强化。

（2）调节情绪，调整状态。在强化孩子意志力的过程中，胜者教育会注重孩子情绪的调节与状态的调整，与孩子保持长期共情，进而提升强化效果。

（3）提高效果，增加收获。胜者教育通过激励制度、数据记录等方式，让孩子真实感受到自身的转变效果，从而在各种磨炼中收获成就感、幸福感，让孩子乐于接受各种意志力强化训练。

（4）提高强化质量，改善亲子关系。胜者教育不仅为孩子量身定制了意志力强化方法，还要求父母参与，让孩子在强化期间感受到父母的关注、支持与认可。通过胜者教育老师与父母合作的方式，孩子意志力强化的质量得到提升，亲子关系更加紧密。

▶▶ 坚持，熬下去

英国名人约翰逊说过："伟大的作品不是靠力量，而是靠坚持来完成的。"坚持是意志力的表现，长久的坚持恰恰表现为"熬下去"。

父母期望孩子成长、孩子优秀，一定要懂得"熬下去"的可贵，这种能力是孩子成才成功的重要力量。"熬"可以准确地表达孩子强化意志力时的真实状态。对于父母而言，孩子取得的结果并不重要，重要的是在这个过程中付出的努力。

▶▶ 会锻炼的孩子都是强者

对于孩子而言，经过强化训练后最大的收获不是意志力的提升，而是获取了掌控人生的重要能力。孩子的自律、自控、自强足以支撑其有效规划人生，并通过各种锻炼、训练的方式提升自己的能力。在这种良性循环下，孩子会逐渐成为社会精英，成为时代强者。

具有学识与眼界：卓越人士成事的关键

　　孩子的学识不是指学习成绩，而是学习能力、学习效率与知识储备；孩子的眼界也不是看待事物的角度与观点，而是胸怀、格局与世界观。只埋首于书本当中的孩子很难成为时代精英，父母闭门造车式的教育也无法令其斩获惊世成就。青少年应当学会张开胸怀、打开眼界，用超越平凡的学识与眼界铸就自己的精彩人生，取得超越平凡的成就。

01 | 孩子读过的书，每一个字都有用

很多父母喜欢用学习成绩衡量孩子的学识水平，用阅读量衡量孩子的眼界，却不曾意识到这种思维很容易限制孩子的眼光，不利于孩子的成长。对课本的学习更多的是为了提升孩子的学习能力，而不是限制孩子对学识的认识。一旦孩子对学识的理解有误，眼界局限于书本之内，孩子的成长就很容易遇到瓶颈。

有些父母曾向我诉苦："我家孩子的学习主动性特别差，报过辅导班，请过家教，但孩子就是学不进去。"我认为，出现这种状况不是因为孩子自身存在问题，更多是因为父母剥夺了孩子的学习动力。

大多数父母一定会反驳，孩子喜欢学习自己高兴还来不及，怎么可能剥夺其学习动力？可很多时候父母就是在这种无意识的状态下破坏了孩子的动力系统。

这种无意识状态主要分为两类。一是父母限制了孩子的眼界，导致孩子无法找到清晰的人生目标，未能充分挖掘自身天赋，孩子找不到学习方向和学习乐趣，自然就会缺乏学习主动性。二是父母抑制了

孩子的学习欲望，很多父母会阻止孩子对课外知识的学习，美其名曰"不要把精力放在没用的东西上"。这些父母却未曾想过，孩子读过的书，每一个字都有用。

学习任何知识都是对学习能力的锻炼，课外知识也是孩子拓宽眼界、定义生活的主要途径。纵观当代知名的成功人士，无一不是课外知识丰富的博学者，而仅凭"成绩优异"很难成为这个时代的强者。

哈佛大学曾进行过一项关于青少年学习能力的研究，研究表明孩子的学习能力、学习效率受多种能力的影响，其中最重要的几项能力包括语言能力、数学能力、交互能力、思维能力、艺术能力。

通过哈佛大学的这项研究结果我们可以看出，孩子的学习能力并不仅仅来源于书本，而更多来源于宽阔的眼界，以及对世界的好奇与探索。

父母应当明白，孩子成长的关键不是学习成绩，而是学识与眼界。提高孩子的学识、拓宽孩子的眼界是父母培养孩子走向成功的重要任务。在这一过程中，父母要懂得及时纠正自己的教育思维，正确看待孩子的学习能力，给予孩子公正、准确的评价。

02 | 刻意观察：
如何培养观察力

　　从哈佛大学的研究中我们可以看出，孩子的学习能力可以从多个领域获取，这就涉及另外一个问题：孩子在各个领域学习的过程中，如何提升自身的学习能力？我认真分析了孩子专注学习的过程与状态，发现学习力、思考力、决策力都与观察力密切相关。

　　何谓观察力？很多父母认为观察就是认真地看，却没有意识到观察是一种思考。比如小说《福尔摩斯》中出现过这样一个场景，福尔摩斯从华生的客房走到大厅，之后问道："你每天都会从这里走到大厅，是不是？"华生回答："是的，这几级台阶我已经走了无数次。"

　　"那么台阶一共多少个？"

　　"多少个？我不知道。"

　　"一共17个，你每天都在看，却没有观察。"

　　从而福尔摩斯的话语中可以得出，"看"与"观察"存在本质区别。看是视觉的被动获取，大脑却没有主动接受，更没有处理、思考看到的信息。但观察不同，观察是主观审视，是大脑的积极分析与思考。

而且我发现观察不仅依靠眼睛，身体的各个感官都可以进行观察。

例如，两个人同时路过某个公园后，他们对这个公园的描述会因观察力的不同而产生差别。第一个人说，公园门口有一处喷泉，喷泉旁边有一些白色的鲜花；而第二个人说，公园门口有一处音乐喷泉，喷泉两侧种着白色的茉莉花。在相同的时间，以相同的角度，因为后者主动调动了大脑进行了认真观察，所以结合听觉、嗅觉，他得到了更丰富的信息。

美国作家艾美·赫曼也提出过相同的观点，他在《洞察》一书中写道："人的观察力不会只局限在视觉内，人体的任何感官都可以观察。"

从观察力的效果中可以联想到，强大的观察力可以提升孩子的学习效果、学习效率。锻炼孩子的观察力，可以让孩子对知识的理解加深。这样不仅孩子的学习成绩可以获得提升，孩子的情商、财商都可以得到发展。

那为什么青少年的观察力会存在巨大差异呢？父母又该如何强化孩子的观察力呢？我们从神经学家马库斯·雷克利的研究中可以找到答案。马库斯·雷克利通过研究证明，人的大脑其实很懒惰，心不在焉时，大脑很容易进入无意识状态，随着大脑无意识状态时间的延长，大脑还会形成这种习惯，人体后续对大脑的调动效果也会降低。马库斯·雷克利随后还提到了强化观察力的方法，这就是针对性锻炼。大脑如同肌肉一样可以进行锻炼，其主动意识也可以得到强化，这一过程也是观察力、学习力提升的过程。

观察力的提升训练比意志力的强化训练更简单，且训练方式、训练环境不受局限，父母可以随时随地引导孩子进行观察力的强化。比如进行相似字的学习，或对某一事物的细节进行观察等，这些都可以有效地提升孩子的观察力。

观察力是当代青少年需要重点提升的个人能力。通过观察力，青少年可以强化自身的多项能力。父母在训练孩子观察力的同时要牢记观察力的核心，观察力不是视觉能力，而是大脑活动，对大脑的调动越全面，观察力提升的效果就越突出。

03 | 学霸定律：
选择走楼梯，还是乘电梯

有些父母希望孩子成为学霸，却不知学霸不仅学习成绩好，而且学习能力强。错误的认知导致很多父母用题海战术揠苗助长，导致孩子越来越疲惫。

事实上，学习成绩不过是学习能力的体现。当很多父母用学习资料为孩子筑起登高的楼梯时，一些聪明的父母却教会了孩子如何乘坐电梯。

清华大学奖学金获得者曾总结过一项"学霸定律"，定律中展示了清华大学学霸的学习方法与学习状态。

▶ 兴趣定律

清华大学学霸指出，学习不是因为对一个问题感兴趣才去研究，而是在研究中感觉越来越有兴趣。这种思维与我提出的"孩子的人生不是追寻快乐，而是快乐地追寻"不谋而合。

孩子如果不能在学习的过程中产生更多兴趣，感受到更多快乐，则很难取得良好的学习效果。所以我一直强调，提升孩子学识的方法是帮助孩子找到学习的乐趣，找到自我驱动力。这需要父母改变"学海无涯苦作舟"的教育思维，将增加孩子学习强度的方法，转变为引导孩子找到学习的乐趣。

清华大学学霸指出做科研要有浓厚的兴趣，同时还要保持强烈的好奇心。这意味着对学习感兴趣是让孩子努力学习的开端，保持探索的好奇心才是孩子持续进步的动力。

让孩子保持长期的好奇心需要父母准确定位孩子的天赋，并在这一方向下引导和强化。孩子更乐于在自己擅长、喜欢的领域突破、进取，这一过程也会让孩子十分享受。

▶▶ 选择定律

所谓选择定律，是指刚接触某些领域时感觉很有兴趣，但真正了解后发现可能并不适合自己，只有真正深入了解后才能确定这一领域是否真的适合自己。

对于父母而言，选择定律是指给孩子试错的机会，给孩子更多空间，在孩子感觉不适合时进行及时的调整与纠正。我遇到过很多类似的情况，比如有的家长为了让孩子继承家业，强制让孩子学习不喜欢、不适合的经商理论，最终导致学习效果不尽如人意，且亲子关系越发紧张。

孩子有选择人生的权利，父母给予的人生再优质，只要不适合就毫无意义。

▶▶ 目标定律

目标定律是指在学习过程中要有明确的目标，坚持不懈地努力，最终成为自己想成为的人。我一再强调父母应该带领孩子观世界，拓宽孩子的视野，正是为了让其明确自己的人生目标。定位了清晰的人生目标，孩子的学习、生活动力才更加充足。

▶▶ 攀登定律

攀登定律强调，青少年要趁年少勇敢攀登高峰、险峰，如此，才会看到更美的风景。

攀登定律考验的是孩子的意志力，孩子保持强大的意志力才能具备应对挑战的勇气，才能够克服种种障碍，并在这个过程中丰富自己的学识、拓宽自己的眼界，努力成为社会强者。

▶▶ 900 小时定律

清华学霸称，每篇论文的背后都有 900 小时实验的支撑。这代表了一种学识积累，也代表了一种学习态度。

在追求卓越的过程中，孩子需要强化身体意志、丰富学识、拓宽眼界，每一项能力的提升都需要孩子进行长期的训练、付出努力。我认为 900 小时定律同样适用于孩子的成长，孩子每一项特质的凸显都是汗水的付出。

▶▶ 哲学定律

哲学定律是指清华学霸在学习、生活过程中的哲学感悟，其认为哲学增强了他的洞察力、判断力和分析力。

▶▶ 平常心定律

保持平常心，发挥自身最大的实力，这不仅是适合清华学霸，更适合各个年龄段的求学者。这一点我在前面的章节中已讲解了具体的锻炼方法。

▶▶ 追随定律

追随定律是指一个人要敢于面对自己内心的恐惧，追求心中的梦想。这种思维我在培养精英青少年的各个方面都有运用，比如在意志力强化的过程中，我会努力鼓励孩子战胜内心的恐惧，以梦想为指引完成胜者教育设定的各种挑战。

▶▶ 行动定律

顾名思义，行动定律是指补齐欠缺的行动，靠行动获得成功。行动定律是执行力的体现，是意志力的体现。

从清华大学"学霸定律"中可以看出，提升孩子的学识、拓宽孩子的眼界绝不是仅仅依靠学习强度的增加，而是对孩子进行正确引导，强化其内在力量。通过这种方式，孩子才能拥有超强的学习能力，而不是被学习资料、海量习题所淹没。

04 | 父母把赢看得过重，反而会导致孩子输不起

　　我遇到过一个正值青春年少却眼神惶恐、性格孤僻的孩子。这个少年曾是学校的优等生，是父母眼中的骄傲，只不过因为一次失败，就彻底失去了往日的阳光。这让我想起了那位酷爱乒乓球的男孩，但相比之下这个少年的成长经历更加痛苦。

　　这个少年是家中独子，从小被家人寄予厚望。他也非常懂事，十分体谅父母的用心，对于父母安排的各项学习任务都会认真完成。随着孩子学习成绩的提升，父母对他的要求也越来越高，为了让孩子能够升入重点中学，父母不惜借钱、贷款购买了一套学区房。

　　孩子进入重点中学后，曾经引以为傲的学习成绩在班级里却平平无奇，身边的同学个个优秀，孩子的压力骤增。于是，这个孩子开始缩减吃饭、睡觉等时间用于学习，但效果微乎其微，孩子的身体素质也不断下降。第一次学校大考时孩子带病参加，结果可想而知，成绩不佳。

　　随后父母也与孩子进行了一次长谈。孩子不停地向父母道歉，称自己辜负了父母期望，无颜面对父母；父母也表达了谅解。但双方的

决定竟然是聘请家教，花重金购买补脑保健品。

背负着巨大的心理压力，孩子的学习成绩一降再降。内心的负罪感让孩子出现了初期抑郁的症状，甚至在情绪激动时有自残倾向。

了解到这一情况后，我马上请胜者教育的心理导师对孩子进行心理疏导，对其父母进行了严厉的批评。成长本就是不断经历输赢的过程，父母教育孩子面对输赢的第一节课不是如何赢，而是如何面对输。当父母强调成绩不能输、能力不能输，一切都不能输时，孩子就已经输掉了。

最可怕的是，某些父母为了让孩子"不输"，不惜举全家之力增加孩子赢的筹码，正是这种行为，让孩子连反驳的欲望都逐渐被消磨掉了，剩下的只有恐惧与负罪感。

人的一生本就是不断与失败、挫折做斗争的过程，这才是对人生的正确认知。正如我所说的，人生就是各种经历的总和，没有人一生都在赢，也没有人一生都在输。一旦父母把赢看得过重，反而会导致孩子输不起。

作为青少年教育、家庭教育的践行者，我更希望父母能够保持平和的心态，将对孩子的期望值设定在合理的范围内，引导孩子正确看待输赢、拥有胜不骄、败不馁的心境，进而收获美满人生。

05 | 每个孩子
都有影响力

　　孩子在父母的呵护、关怀、引导下茁壮成长，从呱呱坠地到牙牙学语，再到蹒跚走路、求学成才，期间父母会付出无数心血，也会收获一生的幸福。我想说，孩子虽然在父母的看护下成长，但请父母不要小看自己的孩子，因为每一个孩子都是独立的个体，他一定拥有其独特之处，他的影响力远超父母想象。

　　举一个简单的例子，2020 年胜者教育策划了一场慈善活动。在活动中我问我的儿子："你希望这次活动筹集的善款用到哪里？"孩子居然回答说"非洲"，当时我非常奇怪，不禁问道："为什么要用到非洲呢？我们在国内募捐，筹集到的捐款为什么不用到国内，而用到国外呢？"

　　没想到孩子的回答竟然让我感到了惭愧。孩子说道："既然我们的目的是做慈善，为什么要分国内和国外呢？何况国内的慈善体系比非洲健全，非洲人民更需要这些善意。"这一刻，我突然感觉自己在孩子面前略显狭隘，孩子的话让我自省了许久。

很多时候，父母认为孩子年龄小，思维单纯、不成熟，却不曾想到每个孩子都具有影响力，只不过父母的认知不足导致孩子的影响力无法展现。我希望父母多给孩子一些表达自我的机会，让孩子的亮点充分凸显，在这一过程中，父母可以看到孩子的影响力远超父母想象。

2020 年，一部印度电影在我国各大自媒体平台引起了巨大反响，这部名为《地球上的星星》的影视作品被精剪后传播于各大自媒体平台，并感动了无数父母。我也被其中一个桥段吸引，而将这部 2007 年上映的老电影找出来认真观赏了一遍。

电影讲述了一个 8 岁男孩伊夏的成长故事。伊夏是一个对世界充满好奇与探索欲望的孩子，他通过一切能想到的方式与这个世界进行交流，也享受着世界给他的反馈。但伊夏在别人的眼中却是典型的问题儿童：成绩倒数、思维奇怪，最让人难以忍受的是他会无法控制地突然叫喊。家人无计可施，最终将伊夏送到了寄宿学校。

伊夏在恐惧、痛苦中开始了一段悲惨生活，直到他遇到阿米尔·汗饰演的老师，他读写障碍的问题才被人发现。在老师的帮助下，伊夏的家人、朋友、同学才明白他的捣乱行为是因为一种疾病，对他的误会才被彻底解开，而伊夏的绘画天赋也被充分挖掘。

这部电影之所以被中国网友青睐，恰恰是因为大家都有被误解的经历。伊夏的成长让无数人产生了共鸣。事实上，很多时候父母认为孩子的缺点多，能力差，是因为父母没有读懂孩子，当父母学会正视孩子的独特之处时，便会发现孩子的与众不同。正如伊夏被人正视后，所有人都钦佩伊夏的乐观、坚强、大度，这种心境是很多成年人都无法达到的。

另外，我认为父母不能打着"一切为了孩子的未来着想"的旗号强迫孩子屈从，令其跟随大众，沦为平庸的人。因为在这个过程中，孩子放弃了自己的观点、失去了主动进取的热情与信心，最终只能被他人影响，失去影响他人的资本。

我更希望父母都学会用放大镜看待孩子的优点，给予孩子更多的赞美和鼓励，让孩子收获自信与骄傲。这时孩子对外的影响力便开始提升，并主动寻求用自己的特长、天赋影响他人。

孩子的影响力可以随时随地产生，且不局限于某种能力、某种天赋，有时候或许只是一种思维、一种想法。但这种影响力恰恰是孩子的过人之处，父母应当把保护、强化孩子的影响力视为己任。

06 | 多元化价值观
与包容心

父母作为孩子的第一任老师，具有学校、社会都无法代替的教育作用。父母的价值观会对孩子的一生产生深远影响。

每个孩子都有其独特之处，这种独特可以体现在思维、行为、语言等多个方面，如果父母只依靠单一的标准看待孩子的成长，则很容易曲解孩子的成长，甚至对孩子造成伤害。

爱迪生小时候经常发呆，喜欢沉浸在自己的世界里思考问题，这种行为被同学、老师定义为懒、笨。但爱迪生的母亲从不这样认为，因为母亲发现爱迪生拥有超强的想象力与创造力，所以这位伟大的母亲从不批评孩子的发呆行为，而是鼓励孩子用自己喜欢的方式解决问题。

恰恰是因为爱迪生的思维没有被同化，他才得以成为伟大的发明家。

我国著名的教育学家陶行知说过："当心你的教鞭下有瓦特，你的冷眼里有牛顿，你的讥笑中有爱迪生。"父母应当正视孩子的独特之处，而正视的方法恰恰是调整自己的价值观。

英国著名医学科学家大卫·柯珀菲尔在接受一次采访时被问到为何他的创造力如此突出，大卫给记者讲了一个童年时的小故事。

有一次，大卫不小心在厨房里打碎了一瓶牛奶，整个厨房瞬间被大卫搞得一团糟。母亲看到时非常吃惊，但没有批评大卫，反而对大卫说："你制造混乱的能力真棒，反正牛奶已经不能喝了，你要不要在牛奶里玩几分钟？"

大卫非常高兴地同意了母亲的建议。几分钟后，母亲又说道："你知道制造完混乱后应该做什么吗？你最好把它清理干净，我们现在有海绵、毛巾和拖把，你选择哪一种呢？"

随后，大卫和母亲一起用海绵清理了地上的牛奶。可之后，母亲又说道："你制造的这场混乱证明了一个问题，那就是你的小手没能拿稳牛奶瓶，来，我们把瓶子里装满水，来试一试如何拿瓶子，它才不会掉下来。"

这段儿时的经历让大卫明白了很多道理。他感激母亲的包容没有让他变得循规蹈矩，没有让他失去探索新鲜事物的勇气，而且他还学会了如何承担责任。正是母亲的包容之心打开了大卫创造力的大门，为其取得更高的人生成就打下了坚实的基础。

在孩子成长的过程中，父母的包容可以引导孩子健康成长。但父母需要注意的是，包容不是纵容，包容的目的是让孩子认识错误，主动学会纠正错误的方法，而不是让孩子忘记错误、忽视错误。

我希望父母及时调整自己的教育心态和教育思维，以多元的价值观和包容心引导孩子成长，这样孩子才能在丰富学识、拓宽眼界的道路上越发主动、自立、强大。

第 9 章

具有自我驱动力：卓越人士终生成长的动力

我国著名教育家叶圣陶先生曾说"教是为了不教"，苏联教育学家苏霍姆林斯基曾说"只有能够激发学生去进行自我教育的教育，才是真正的教育"，那么父母应该如何教会孩子进行自我教育，从而让孩子自我成长呢？方法非常简单，这便是强化孩子的自我驱动力。

01 | 孩子擅长什么，
他就主动做什么

　　我一直主张父母多挖掘孩子的天赋，努力强化孩子的特质，让孩子健康成长。可很多父母对这一观点存在疑虑：如果孩子的天赋、特质不在学科范围内，而在音乐、运动等领域怎么办？

　　其实，这种担忧完全没有必要。首先，挖掘、强化孩子天赋和特质的过程是让孩子从擅长、喜欢的领域找到学习兴趣的过程。通过这种方式孩子可以获取掌控自己的能力，在此之后，孩子在各个领域的学习效果都会提到提升。其次，音乐、运动等从不曾站在学科的对立位置上，而是确保孩子全面发展、健康成长的重要保障。

　　父母陷入这种担忧的原因是：孩子学习学科知识的主动性不高，所以父母认为孩子需要放弃其他领域的学习，用更多的时间来学习学科知识。殊不知正是这种想法让孩子失去了自我驱动力。

　　美国心理学家威廉·斯蒂克斯鲁德在《自驱型成长：如何科学有效地培养孩子的自律》一书中写道："逼迫孩子学习他不喜欢的东西，即使学习的内容对孩子的人生有较大帮助，孩子也会付出一定的代价，这种代价正是孩子的自我驱动力。"

自动驱动力是指孩子自我驱动、自我激励的能力，这种能力无论运用到哪个领域都可以取得意想不到的学习效果。孩子学习成绩不佳、学习能力低下很大程度是因为自我驱动力不足，导致这种状况出现的主要原因是孩子承受着来自父母的外部驱动力。

爱尔兰诗人叶芝曾说："教育不是注满一桶水，而是点燃一把火。"很多父母目前都在采用外部注水式教育，从未想过或根本不知道如何激发孩子的自我驱动力，也从未点燃孩子内心的火。

父母要记住一个关键定律，即"孩子擅长什么，他就会主动做什么"，这是激发孩子自我驱动力的最佳方法。很多父母说，我家孩子擅长玩，玩游戏、玩乐器、玩球，但就是不擅长学习。对于这种情况我想说，孩子喜欢玩和擅长玩是两种不同的概念，请这些父母认清孩子的真实状态。

以网络游戏为例，截至 2020 年，中国未成年网民达到 1.83 亿人，其中超过 90% 的未成年网民上网的目的是娱乐。但在如此庞大的基数下，中国职业电竞人数也不过数百人，可见真正玩游戏玩得好、达到国际水平的人寥寥无几。孩子喜欢玩是生活控制感低的表现，换而言之，只有在玩的时候孩子才拥有控制感。那么，父母应该如何发现孩子擅长的领域，挖掘孩子的天赋和特质呢？站在马斯洛需求层次理论的角度进行分析，孩子的需求主要有五种，分别是生理需求、安全需求、归属与爱的需求、尊重需求以及自我实现需求。

　　大多数父母可以满足孩子的前三种需求，但很难满足孩子的后两种需求。很多时候父母会因虚荣心批评孩子，甚至惩罚、打骂孩子，这会导致孩子产生逃避、恐惧心理，不愿也不敢表现出自己的真实兴趣。

　　著名的心理学家罗森塔尔和雅各布森曾做过这样一个实验，两人到一所学校后对所有学生做了一次智商测试，测试过后罗森塔尔和雅各布森列出了一份名单，并对老师说名单上的孩子智商远超常人，非常有前途。在随后的一段时间里，罗森塔尔和雅各布森对名单上的孩子进行了跟踪调查，发现其中大部分孩子都表现得十分优异，取得了明显的进步。

　　事实上，罗森塔尔和雅各布森根本没有对学生做智商测试，这份名单只不过是随机选取的。通过这个实验，罗森塔尔和雅各布森证明了这个"谎言"为学生、老师带来了心理暗示，孩子因此表现得更加自信，并向着更高的目标发展。这就是著名的"罗森塔尔效应"。

　　同理，如果父母在生活中经常贬低孩子，也会让孩子产生心理暗示，尤其是敏感的青少年还可能会产生叛逆情绪。很多父母没有意识到自己的错误行为，在孩子犯错后口不择言。这种行为严重地打击了孩子的自信，父母说出的"无药可救""毫无前途"等词让孩子失去了追求卓越的主动性。

　　基于此类原因，我们看到大多数孩子表现得贪玩，但不愿展现自己的天赋。因为孩子在潜意识中认为，"玩得好"会遭到父母的批评，

"擅长玩"是一种错误。我认为，父母需要参与到孩子"玩"的过程中，观察其主动思考的频率，对比其克服困难的态度，通过对孩子的真实了解定位孩子的天赋和特质。

　　增强孩子驱动力的第一步恰恰是定位孩子擅长的领域，在孩子擅长的领域父母能够看清孩子自我驱动的状态，可以找到强化、引导这一能力的起点，之后通过正确的方式提升孩子自我驱动的效果。

02 | 让孩子迷上
他的偶像

　　曾有一位母亲向我提出这样的担忧："当母亲真的太辛苦了，一直担心自己的教育失误影响了孩子的成长。"相信这也是大多数父母的担忧。我想说，父母的教育是否得当主要看孩子和父母的状态。为人父母，教育子女必然是一个辛苦的过程，在这个过程中如果父母的状态是累并快乐着，孩子也是快乐的，则说明父母的教育是成功的，反之则说明父母的教育存在问题。

　　以激发孩子的自我驱动力为例，如果在这一过程中父母疲惫不堪、心情烦躁，孩子更是痛苦万分，则代表父母的教育方式存在问题。事实上，帮助孩子提升自我驱动力的方法有很多，以下几个步骤可以作为参考。

▶▶ 帮助孩子树立偶像

　　多年以来，榜样教育一直是教育者常用的教育方式，不过随着社会的发展，青少年对榜样的定义出现了偏差。例如，以往寻找榜样的最佳方式是从身边选取，比如班级内的优秀学生。但现在青少年很少认同身边人可以成为榜样。当父母对孩子说某某同学非常优秀，可以成为榜样时，大多数孩子会想，他另外的方面还不如我呢。基于这一情况，我才建议各位父母在孩子擅长的领域找到偶像，然后引导孩子将偶像设定为榜样。

很多青少年喜欢把影视明星视为偶像，但盲目崇拜明星只会让孩子越发迷茫。真正的榜样应当能让青少年提升自我驱动力，比如意外逝世的 NBA 巨星科比·布莱恩特，他的一句"你见过凌晨四点的洛杉矶吗"激发了无数孩子努力奋进。

▶▶ 让孩子学习偶像

帮助孩子树立偶像后，父母要鼓励孩子向偶像学习。

现任 NBA 独行侠队主教练的贾森·基德是一位传奇后卫。在 19 年的 NBA 生涯中，基德获得了 NBA 常规赛助攻总数历史第二、抢断总数历史第二等多项殊荣，但基德的儿子却将费城 76 人队明星球员阿伦·艾弗森视为偶像。

最初基德非常不解：为什么自己的成就不输于艾弗森，儿子却把艾弗森当作偶像？儿子回答竟然是"因为没有什么能把艾弗森打倒"。

阿伦·艾弗森从小在生活在弗吉尼亚州纽斯特小城，家境贫苦，生活悲惨。艾弗森的养父因为贩毒频繁入狱，母亲只能独自一人抚养他和两个妹妹。

少年时期的艾弗森是一位橄榄球运动员，高中毕业那年，他意外被卷入一场多人斗殴当中，虽然艾弗森在斗殴前就已经离开了现场，但他和其他四名黑人依然被法官认定为主犯。被判5年徒刑的艾弗森没有气馁，入狱后努力为自己找回公正，终于在4个月后得到了州长的特赦，但这件事也结束了艾弗森的橄榄球生涯。

随后，艾弗森的母亲安妮找到了乔治城大学的主帅约翰·汤普森，希望他能给艾弗森一个机会。约翰·汤普森答应了她让艾弗森加入乔治城大学篮球队。由此，艾弗森正式来到篮球赛场。但不久后，艾弗森的妹妹病重，为了负担妹妹昂贵的医疗费，艾弗森主动放弃了学业，选择加盟NBA，由此开始了他的传奇一生。在赛场上，人们对艾弗森的拼搏精神有目共睹，他带领费城76人队多次进入季后赛，即使全身都是伤，他都不会轻易放弃每一场比赛，职业生涯场均上场时间超过40分钟。

艾弗森虽然没有获得过总冠军，但却成了NBA最受人敬佩的球员之一。粉丝们崇拜他，不只是因为他的球技，更多的是崇拜他的永不言弃的精神。他对美国贫民窟少年的影响极其深远，如同艾弗森一样从贫民窟走出来的黑人少年也越来越多。

基德的儿子正是被艾弗森的精神所打动，从而改变了自己的生活态度和学习态度。

▶▶ 帮助孩子设定努力的目标与步骤

在孩子学习偶像的过程中，父母可以帮助孩子设定努力的目标与步骤，从而可以让孩子更快地提升自我驱动力。

（1）为孩子设定一个长远目标。为孩子设定长远目标有助于孩子因偶像的力量而激发长期的自我驱动力。

（2）对目标进行分解。长远目标设定后需要对目标进行分解，根据孩子的生活节奏制定阶段性目标。

（3）检查目标完成进度。设定好长期目标与阶段性目标之后，父母需要陪伴孩子完成各个目标任务，并检查完成的进度，确保孩子保持良好的状态。

（4）给予鼓励与支持。当孩子遇到困难时，父母要给予及时的鼓励与支持，以增强孩子自信心。

（5）进行适当的奖励。除了语言鼓励之外，父母还需要根据孩子的表现给予适当的奖励，以此增强孩子的收获感。

偶像的力量远比我们想象的强大，这种力量也是孩子自我驱动力激发的关键。帮助孩子确定适合的偶像，引导孩子正确地模仿偶像，父母的教育就会更加轻松、顺畅。

03 | 是什么让孩子
变得更强

当代青少年的学习状态大致分为三种：被动学、主动学、开心学。很多孩子都处于被动学习的状态，这也是孩子的自我驱动力未被激发的表现。

我帮助过很多缺乏自我驱动力的青少年，当父母看到孩子的变化后都会问我使用了什么方法让孩子变得如此强大。我每次的回答都是，我只是让孩子做了自己喜欢的事。

▶▶ 引导孩子的兴趣

引导孩子的兴趣不是指单纯让孩子做感兴趣的事，而是在孩子感兴趣的领域强化孩子学习的主动性。

例如，我遇到过一个酷爱乐高玩具但学习成绩非常差的孩子。孩子的父母为了提升其学习成绩，没收了孩子所有的乐高玩具，并说只有各科成绩都达到 90 分以后才会还给孩子。在随后的一段时间里，这个孩子参加了各种培训班，努力学习一个学期后，只有数学成绩达到了 90 分，其他各科成绩均未达标。面对这一状况父母当然没有把玩具还给孩子，还在学习方面对孩子的要求更加严格了。

从这时起，孩子的思想就发生了变化。父母发现，孩子会在他们不在家时偷偷把乐高玩具找出来玩，并向同学借钱买乐高玩具放在学校里玩。了解到这一情况后，孩子的父母严厉地批评了孩子，并狠心将孩子所有的乐高玩具都扔出家门。

自此以后，父母与孩子的关系变得越发紧张，孩子的叛逆心理越来越重，甚至表示自己最恨的人便是父母。我了解到这一情况后第一时间为孩子买了多套乐高玩具，请其为我展示自己的才能。

在这一过程中我发现孩子的立体思维、建筑思维非常出色，并且色彩感非常强，拼接乐高玩具的速度也十分惊人。两天的时间里，孩子向我展示了多种作品，直到他对我说"暂时只能拼出这些作品"后，我才问道："如果我给你一张照片，你能用乐高拼出来吗？"孩子回答道："我可以试试。"随后我为孩子找了一张跨海大桥的照片，结果孩子尝试了很久后说道："我大概可以拼出桥的框架，但是桥的稳固性太低。"

我又问道："你现在能够对桥改造一下，让它更稳固吗？"孩子想了想说："不能。"我说道："那么我们一起来找找方法吧。"

随后，我拿出了孩子的几何书，并从中找到了三角形稳固的原因，找到了拱桥稳固的原理。这时，孩子居然说道："没想到这些书居然这么有用。"也正是从这一刻起，孩子改变了学习的态度。

事实上，孩子的兴趣、爱好并不与课本知识冲突。父母无法调动孩子的自我驱动力，正是因为忽视了兴趣的重要性，选择了错误的引导方法。让孩子把兴趣和学习结合起来，孩子的自我驱动力便可以由此激发。

▶▶ 锻炼孩子的大脑与身体

强化孩子自我驱动力的起点是兴趣，但这种源自大脑的自我激励很容易被弱化，只有不断地锻炼，孩子的自我驱动力才会持续提升。

我整理、对比过众多自我驱动力的强化方法，最终认定锻炼孩子的身体与大脑是一种非常有效的方式。因为自我驱动力的强化不仅需要一个好身体，更需要强大的意志力的支撑。所以我希望父母把大脑与身体的锻炼融入孩子的生活规划中，让孩子的精神与体魄得到同步强化。

04 | 最好的教育
是自我教育

  教育的本质不是改变受教者，而是影响受教者，通过有组织、有计划的引导让受教者的心智向着更好的方面发展。法国著名教育家卢梭就曾明确提出，世界上有三种教育方法会给孩子带来不良影响，它们是：讲道理、发脾气、刻意感动。

  虽然中法教育环境存在差异，但我十分认同卢梭的教育观点。尤其是在帮助过无数父母后，我笃定地认为这三种教育方法在中国家庭中普遍存在。

  讲道理是中国父母惯用的教育方式，这种教育方式初次使用时可以对孩子产生良好的影响，但随着孩子年龄的增长和心智的成熟，效果会不断减小；发脾气在中国青少年教育中也十分常见，这种教育方式慎用可以起到威慑作用，惯用则会对孩子造成伤害；刻意感动在中国父母身上表现为诉苦，这种刻意增加孩子负罪感的教育方式会给孩子带来沉重的心理负担。

  曾经有一个问题困扰过我一段时间，这个问题是：在教育孩子时，对孩子影响最大的人究竟是父母还是老师？但在真正分析了教育本质、教育逻辑后我发现，能够带给孩子最大影响的人恰恰是孩子自己。

因为孩子更懂得自己的需求与渴望，了解自己的优势与劣势，所以自我教育才是教育效果最好的教育。正如我国教育家叶圣陶先生所说"教是为了不教"，苏联教育学家苏霍姆林斯基所说"只有能够激发学生去进行自我教育的教育，才是真正的教育"，意大利知名教育家玛利亚·蒙台梭利也曾说过，最高端的教育方式正是"不教的教育"。

我梳理对比了这些教育家倡导的教育方式、教育思维，最终认定孩子的自我教育不是孩子给自己讲道理，而是更多地体现为自我监督、自我要求、自我控制。而这需要父母把空间、主动权还给孩子，让孩子看到父母的尊重，体会到自己的存在。

父母要给予孩子充足的空间，帮助孩子学会掌控自己的生活，制定合理、健康的生活规划。例如，帮助孩子进行合理的时间分配，并在这个过程中激发孩子管理时间、善用时间、珍惜时间的思维。

另外，父母参与孩子的生活时应该保持伙伴、朋友的身份，不主导、不斥责，允许孩子试错，不以爱的名义将自己的意愿强加给孩子。父母可以多与孩子交流，多发表自己的看法，给予孩子更多鼓励，增强孩子的自信心。父母还可以尝试在孩子擅长的领域逐步放手，让孩子通过自我管理、自我教育取得更好的成果。

在帮助孩子学会掌控生活之后，父母还有一项重要的任务，即引导孩子学会自我反思。自我反思可以培养孩子独立思考的能力，可以强化孩子自我教育的效果。

　　站在孩子成长的角度进行思考，青少年自我教育的能力也可以被视作其逐渐独立的能力。父母只需要把握好"放"与"帮"的尺度，默默引导、长期支持，就可以让孩子自己学会努力、自己学会进步、自己找到奋斗的目标。

　　我希望父母了解，引导孩子学会自我教育，不仅为家庭教育、青少年教育打开了一扇门，更为孩子的人生打开了一扇窗。只有学会了自我教育，孩子的精神、思想才能迅速走向成熟，孩子才能在人生的道路上取得更大的成就。

05 | 让孩子相信，
他拥有让自己变好的力量

斯坦福大学心理学教授卡罗尔·德韦克通过几十年的研究发现，不同的思维模式会导致不同的成长结果，一个人要想获得成功，不仅需要天赋和努力，更要依靠思维。

卡罗尔·德韦克将"相信自己可以成功"的思维称为"成长型思维"，将"感觉自己十分平庸"的思维称为"固定型思维"。"成长型思维"是人类探索世界、改变世界的主要思维方式。在多年的研究中，卡罗尔·德韦克进行了大量实验，实验证明拥有"成长型思维"的孩子未来获得的成就远超"固定型思维"的孩子。

拥有"固定型思维"的孩子通常会表现得害怕失败，缺乏自信，拒绝挑战，逃避困难，相对于拥有"成长型思维"的孩子，这一人群的成长缺乏必要的历练，发展潜力也会受到限制。

我将卡罗尔·德韦克的研究成果与"胜者163教育模型"进行过对比，发现"成长型思维"与自我驱动力的本质十分相似。拥有"成长型思维"的孩子对学习和成长表现出浓厚的兴趣，且坚信通过自己的努力可以获得更高的成就。所以，拥有"成长型思维"的孩子会不断突破自己的舒适圈，主动迎接新挑战，这一过程锻炼了孩子的综合能力。

那么，"成长型思维"和自我驱动力究竟是什么关系呢？我通过缜密分析、对比后发现，"成长型思维"是一种告诉孩子可以成功、可以做得更好的心理暗示，它是强化孩子自我驱动力的一种思维，也是完善父母教育方式的一种思维，这一思维在家庭教育、青少年教育中起到的作用主要有以下两点。

第一点，在"成长型思维"下，父母需要正确地称赞、表扬孩子。

例如，在孩子完成某项任务后，很多父母会称赞"孩子你太厉害了，简直是个小超人""宝贝你太棒了，真的非常聪明"。卡罗尔·德韦克认为这类鼓励、赞扬的语言并不能产生良好的教育效果，孩子也无法从中得到有效的鼓励。因为父母赞扬是事情的结果，而不是孩子的付出。卡罗尔·德韦克认为正确的教育方式应当是，明确鼓励、赞扬的具体行为，让孩子意识到哪些努力获得了肯定。

例如，当孩子考试成绩优异时，父母可以说"孩子你最近做得太棒了，我相信你每天都十分认真、十分努力"。这样孩子才会认可自己的成功，意识到强化自我驱动力取得的成果，从而更加自信、更加努力。

第二点，卡罗尔·德韦克还强调思维干预不仅仅针对成功，在孩子遭受失败和挫折时更需要干预。比如在芝加哥的一所高中里，成绩评定的最低标准不是"F"（不合格），而是"not yet"（尚未达到），这也是一种思维干预。学生不会因一时的失利而认定自己是失败者，反而会及时总结自己的不足，制订下次让自己做得更好的计划。

由此我认定思维干预也是父母需要多加学习、练习的能力，它可以引导孩子向自信、坚强的方向成长，更可以有效提升孩子的自我驱动力。

06 | 自律即自由法则

    自律被当代无数父母视为难能可贵的品质，同时也是孩子成才的重要基础。不过很多父母认为自律与自由属于对立状态，两者不可兼得。针对这一状况我想说，自律完全不会影响自由，正如哲学家康德所说，自律即自由，要想获得高度自由必须高度自律。

    父母眼中的自律，不过是指孩子管得住自己，懂得花费更多时间去学习。他们却不曾明白，自律也是自我驱动力的一种表现，是思想、心态自由的基础。我在纠正父母的教育观点时多次提到关于青少年自律的问题，很多父母表示自律靠的是约束，而不是孩子的自我驱动。遇到这种情况，我不得不解释服从与自律的差别。服从是被动的遵守，自律是主动要求自己。我和很多父母分享过一位美国伟人的成长经历。

    1920 年，美国一个 11 岁的少年在踢足球时打碎了邻居家的玻璃，邻居向这位少年索赔 12.5 美元，这笔钱在当时对一个家庭来说不是个小数目，无奈的孩子只能找到父亲求助。父亲告诉孩子，要对自己的过失负责。孩子在向父亲承认错误后表示自己没有能力赔偿邻居。于是父亲说，这笔钱我可以借给你，但一年后你要还给我。

在随后的半年时间里，孩子每天都去辛苦地打工，终于在半年后归还了父亲 12.5 美元。欠款还完之后，少年感觉无比自由，因为他靠自己的努力承担了犯错的全部后果。从那以后，他更有勇气直面随后的人生了。这个少年正是美国前总统里根。

少年里根正是用自律（每天去辛苦地打工）换回了自由。

2018 年，演员海清在微博中晒出了一段与儿子的聊天记录。

海清：陪你出去踢会儿球？

蛋妞：写完作业再去。

海清：踢完球再写？

蛋妞：写不完。

海清：写不完明天再写。

蛋妞：明天还有明天的。

海清：请问哪里来的这么多作业，不可以好好玩玩吗？

蛋妞：我在写一本科幻小说……

蛋妞之所以如此自律，是因为他对生活规划得非常清晰，懂得用自己的方式享受生活。

父母想要培养孩子的自律性，还需要让孩子懂得规划生活。孩子按照自己的合理规划完成任务，他们就会更加享受整个过程，他们的自我驱动力就会随之被充分调动。

让孩子自律，并不是强制孩子去做什么，而是让孩子控制自己不去做什么。当孩子把影响自身成长的因素从生活中剔除后，他们也会更加享受生活，这就是自律即自由法则。

具有解决问题的思维与能力：卓越人士的硬核实力

　　卓越人士在能力、见识、胆识、文化素养等诸多方面表现超群，对社会的发展有着极其重要的影响和积极的作用。事实上，很多卓越人士在青少年时期学习成绩并不优异，但这并不影响他们的成长，这是因为他们具备了解决各类问题的思维与能力。

01 | 父母千万不要像"老鼠怕猫"那样逃避问题

当代社会中有这样一类孩子，他们在朋友那里并不讨人喜欢，但却被父母引以为傲，他们是老师眼中的优等生，却缺乏基本的生活能力，这类孩子通常会被贴上一个标签——高分低能。即使这样，这类孩子的父母却依然窃喜，窃喜自己把孩子培养得如此"优秀"。

孩子这种"高分低能"的状况完全是由父母造成的。父母从小就给孩子灌输"除了学习，其他的一切都不重要""除了学习，其他的一切父母都可以代劳"的思想，导致孩子在成长过程中除智商外，情商、财商、德商等其他方面的发展完全停滞，甚至出现退化。

"高分低能"之所以无法被父母及时发现，是因为孩子日常的主要活动均在学习范围内进行，"低能"没有展现的空间。不过，孩子的性格会表现出畸形发展，主要表现为习惯性逃避除学习外的一切问题。比如孩子不喜欢参加群体活动，不喜欢从事体育运动，很多时候并非孩子不感兴趣，而是其个人能力不达标，从而无法从中找到乐趣。

来到胜者教育进行训练的青少年中，不乏一些成绩好但能力低的孩子，甚至有些十几岁的孩子早晨起床后无法自己穿衣服。

这类青少年很难融入集体，更难融入社会。体能课程是这类孩子最不想参加课程，对于胜者教育组织的其他兴趣培养活动，这类孩子也会浅尝辄止，因为他们觉得无聊。这种"退避反应"代表孩子的心智存在严重缺陷。

很多父母狭隘地认为，孩子的学习成绩优异等同于孩子优秀，殊不知强化孩子高效解决问题的思维与能力是父母不可推卸的责任。多年来，我见识了形形色色的问题青少年，这些孩子拥有一个共同的特点，对于不擅长的领域表现出恐惧或逃避。在深度分析了这些孩子父母的教育方式后我发现，这些父母在行为、心理双方面对孩子造成了不利的影响。

行为影响是指父母过度代劳，导致孩子对父母产生过分的依赖，解决问题的思维与能力大幅下降。行为影响对孩子成长的影响十分深远。这类孩子的依赖性十分明显，未成年之前依赖父母，成年后依赖朋友、同事、领导，自主解决问题的能力极其低下。

父母对孩子进行心理暗示分为两种，积极暗示与消极暗示。英国社会学家斯宾塞曾说过，有智慧的教育者会把一种积极的暗示不断地、自然地传递给孩子。可很多父母分不清何为积极，何为消极。

积极的心理暗示表现为对孩子进行正确的鼓励与引导，比如前面我们提过的"罗森塔尔效应"就属于积极暗示，孩子在积极、正向的信念的影响下，成长方向和成长方式便会表现得十分积极。

消极暗示主要分为两种。一种是父母对孩子消极行为的默许。孩子遇到困难时第一时间想到的是寻求帮助或者逃避，而是不主动解决问题，当父母默许这种行为时便对孩子产生了消极的心理暗示。例如，有的孩子体育成绩不佳，遇到体育测验时便会装病，甚至父母会主动替孩子撒谎，这便默许了孩子的消极与逃避行为。

另外一种是父母自身行为对孩子的影响。很多父母喜欢逃避问题，面对自己无法解决的问题如同"老鼠遇见猫"，采用撒谎、找借口、无视等方法逃避问题。这些行为会对孩子产生深远影响，也会导致孩子学会逃避问题。

父母的责任是引导孩子成长、独立，并超越父母，而不是每时每刻都去保护孩子。孩子解决问题的思维与能力要在磨炼中获取，如果父母剥夺了孩子的这一成长经历，则孩子永远无法长大，离优秀的距离也就越来越远。

02 | 解决问题的
五个关键点

　　青少年解决问题的思维与能力需要不断强化，在这个过程中父母的主要任务有两项：一是消除孩子逃避、退缩的心理，二是指引孩子找到解决问题的逻辑与方法。

　　结合自身多年的青少年教育经验，我对如何强化青少年解决问题的思维与能力进行了详细梳理，最终发现父母教导孩子解决问题，离不开策略、规律、思维、本质、技巧这五个关键点。

▶ 策略

　　解决问题的策略有两个重点：一是解决问题的方案集合，二是根据问题的发展制定的行动方案。把握住这两个重点，父母就更容易找到强化孩子解决问题的思维与能力的策略。目前，我分析得出的青少年解决问题的策略主要有以下几种。

　　（1）列表策略。列表策略是把未完成的事项以列表的形式进行分类，进而逐一解决的策略。这种策略适用于解决信息复杂、信息关系复杂的问题，比如日程安排、人际关系推理等。这种方法有助于锻炼青少年的逻辑思维。

（2）画图策略。画图策略是将问题通过画图进行分析的策略。画图策略适用于关系交错、复杂的抽象化问题。这种策略可以解决日常生活、学习中常见的分配问题、调动问题等，可以帮助青少年找出各种关系中隐藏的关键信息，有助于增强青少年的分析能力、推理能力。

（3）排除策略。排除策略是将事情发展的可能性进行逐一列举，然后根据实际情况逐一排除的策略。这种策略可以锻炼青少年的理性思维，提升其全面思考能力，进而找到解决问题最直接、最有效的方法。

（4）假设策略。假设策略适用于有效信息较少的情况，这种策略可以有效挖掘事件、问题中的隐藏信息，有助于青少年把控结果的范围。

例如，青少年之间发生误会时，父母可以引导其用假设策略有效解决问题。根据误会的成因、事件的经过，帮助孩子进行结果的假设。假设孩子主动给朋友道歉，结果如何；假设孩子等待朋友道歉，结果如何；假设彼此都不道歉，结果又如何。通过对假设结果的对比，便于青少年选择合适的方法去解决问题。

（5）逆推策略。这种策略主要用于处理已经发生或已知结果的问题。逆推策略可以根据结果了解问题成因，明白事件发生的逻辑，便于青少年避免同类错误的发生。

▶▶ 规律

规律是事物内部的固定关系、必然联系，它不会因人的意志而发生变化，所以找到事物的规律后解决的不是一个问题，而是一类问题。

掌握了事物发展的规律后，青少年便可以根据事物发展的过程进行后续把控。这样青少年才能够具备解决实际问题的能力，而不再靠主观猜测。

比如孩子在向父母索要物品遭到父母拒绝时会哭闹。事实上，这种哭闹只是情绪的表达，如果父母为避免孩子哭闹而同意给予，孩子便会摸到规律，下次被拒绝时还会哭闹，且哭闹得更厉害，这就是孩子利用规律解决问题的方法。

再比如，孩子了解到，上学路上第一个路口拥堵时自己常走的上学路线整体都会拥堵，在看到第一个楼口拥堵后，孩子马上选择其他路线上学，从而避免了迟到。这也是孩子根据规律解决问题的方法。

▶▶ 思维

胜者教育为青少年开设了多种商学课程。很多父母对此表示不解：把孩子送到胜者教育是为了解决孩子的现有问题，又不是为了经商，为何要学习商学？对此我给出的回答是为了提高孩子解决问题的能力。

很多时候青少年仅依靠自己的力量无法有效解决问题，这便涉及资源、人脉的运用。这些理念都蕴藏在商学之中。通过精诚合作、优势互补、青少年可以有效地提升自身解决问题的能力，通过商业思维的培养，青少年也可以规避一些恶意竞争，或者在竞争中找到共赢之路。

正如我经常与人分享的一个观点：教育并不是灌输，而是点燃和启迪，唤醒孩子的内心，让他们自我改变和自我成长。培养孩子解决问题的能力也是如此，强化孩子的商业思维，孩子便可以更有效地运用身边的资源，从而更容易找到解决问题的方法。

▶▶ 本质

大多数问题的直观信息只是表象，了解问题的本质才能够从根本上解决问题。比如许多学员来到胜者教育前都有说谎的恶习，但我知道孩子说谎更多是为了逃避责任、逃避困难、逃避惩罚，所以我不会第一时间针对说谎行为进行教育，而是强化孩子的意志力，提升孩子的自我驱动力，再提升孩子解决问题的思维与能力，当孩子具备这些思维与能力后，说谎的问题自然就会得到改善。

▶▶ 技巧

解决问题的技巧更多源于经验的总结和思维的练习，这需要青少年进行大量的训练。在训练的过程中，我希望父母可以从以下几方面给予孩子引导、帮助。

（1）关注方法，不要关注问题。美国神经科学专家通过实验证明，当人们过于关注问题时，很容易受问题难度的"消极影响"；如果把关注点聚焦在解决问题的方法上，大脑会产生积极思维，解决问题的效率更高。

（2）多问自己为什么。多问为什么，青少年就更容易找到解决问题的方法。比如孩子的英语考试成绩差，第一个问题是：为什么成绩这样差？答案为听力部分扣分较多。第二个问题是：为什么听力部分扣分较多？答案为做的听力练习较少。第三个问题是：为什么做的听力练习较少？答案为学习任务安排出现了问题。通过这种方式青少年便可以快速找到解决问题的方法。

（3）学会简化问题。简化问题是指将各种问题进行分类，之后排除一切无用信息。通过关键信息的整理，青少年就更容易找到问题的解决方式。

（4）善用逆向思维。青少年遇到无法思考明白的问题时可以通过逆向思维去尝试解决问题。人们习惯于沿着事物发展的方向去思考问题并寻求解决方案。实际上，对于某些问题而言，从结论往回推，倒过来思考，或许会使问题简单化。

03 | 好习惯
终身受用

叶圣陶老先生之所以被无数教育人士崇拜，是因为他的教育思维十分独到，其教育观点往往一针见血，直指教育问题的本质。他的很多名言让我受益良多，其中"所谓教育就是在培养习惯"更是在我设计"胜者163教育模型"时给我带来了方向性指引。

习惯，是一个人在做事时自然表露出来的惯性，也是青少年成长思维的体现。习惯的养成与性格、心智有关，通过习惯也可以分析一个人的品质与性格。比如孩子的生活杂乱无章，我们便可以分析出孩子性格懒散。

习惯虽然是孩子的行为，但直接体现着父母的教育效果，因为孩子习惯的养成大多源于父母。我国著名学者朱光潜在《给青年的十二封信》中写道："人是善于模仿的，模仿品的好坏，全看模型的好坏，有如素丝，染于青则青，染于黄则黄。"我总结过青少年的各种不良习惯后奉劝父母，改正自身的恶习才是有效教育孩子的正确方式。

正如叶圣陶老先生所说："好习惯养成了，一辈子受用；坏习惯养成了，一辈子受害。"孩子习惯的养成很大程度是对父母的模仿，一旦父母恶习频频，则孩子的心智、性格很难健康发展。

对孩子进行教育的过程也可以理解为培养孩子良好习惯的过程，这需要强化孩子的意识，令其明辨是非，懂得自我约束。我总结了优秀青少年具备的六个良好习惯，希望这些习惯可以带给父母一些教育启示。

第一个，积极主动。父母可以多引导孩子学会对自己的行为负责，并学会管理自己的情绪、态度、行为。

第二个，预设目标，制订计划。父母还需要引导孩子做事前养成设定目标、制订计划的习惯，这种习惯对培养孩子解决问题的思维与能力有积极影响，孩子可以获得动手能力、思维双方面的提升。

第三个，合理安排时间。父母要告诉孩子，做好该做的事，才能做自己想做的事。在这一原则下孩子才会合理地安排每日的时间，久而久之，孩子时间管理的能力就会得到较大提升。

第四个，利他。父母要告诉孩子做任何事都不能只考虑自己的利益，要把他人的利益放在前面，学会共赢，这样可以赢得更多人的尊重。这种习惯不仅可以拓宽孩子的生活圈，还有利于孩子情商、智商、财商的发展。

第五个，换位思考。换位思考的习惯有助于孩子提升分析问题的全面性，对解决问题、处理人际关系有积极的影响。

第六个，合作。孩子应当学会融入集体、配合团队、协调管理。这种习惯有助于培养孩子的领导力，而且能够有效地解决成长过程中的各种难题。

培养孩子养成更多良好的生活习惯是父母的责任，更是父母教育孩子的好方法。

04 | 强大的能力
都是设计出来的

美国斯坦福大学的设计学院最早提出了培养青少年创造力的"设计思维"。

设计思维是指通过同理心定位真实需求，进行头脑风暴，发现核心问题，之后构思和实施，让青少年创造自己的"作品"，在这个过程中青少年的创造力会被深度挖掘。我认真研究了设计思维之后，发现设计思维有助于强化青少年解决问题的能力，而且能够确保能力提升的效果。将设计思维与自身青少年教育的经验相结合后，我总结出了强化青少年解决问题能力的一套实用流程。

▶▶ 定位终极目标

定位终极目标后，以最终目标为设计起点，进行针对性的能力设计。以设计思维为例，设计思维的第一步正是"定位人的需求"，即通过同理心的方式对多名青少年进行需求意见征集，然后从中提炼出需要解决的问题。

定位终极目标是所有父母设计孩子的能力之前必须认真思考的问题，只有弄清楚这一问题才能够确保后续设计的效果，否则后续行为将没有任何意义。

定位终极目标的方式是使用同理心，何为同理心? 即设身处地地为他人着想。

例如，很多父母为了培养孩子的利他思维，会让孩子参加慈善捐赠活动。但父母与孩子都没有采用同理心进行思考，甚至不知道自己捐赠的物品是不是受捐赠人需要的东西。比如父母和孩子向贫困山区捐赠了一批衣物，捐赠完才发现对方更需要学习用具，那么这次捐赠的意义在哪里呢?

由此可见，使用同理心能够准确定位终极目标，定位终极目标之后，才能够明确细化出需要解决的问题。

▶▶ 使用工具

定位终极目标并细化出需要解决的问题后，设计青少年解决问题能力的第二步为"使用工具"。这里的"工具"并非指寻找提升能力的工具，而是青少年解决问题的工具。

斯坦福大学做过这样一个实验，让一队青少年蒙住眼睛，相互搀扶着在户外探索 1 个小时。实验开始后很多孩子发出了求助声，但很快大家在彼此的安慰中安静了下来。这些孩子通过双手的触感摸索道路，通过声音辨别方向，通过嗅觉规避一些障碍。1 个小时过后，这些孩子甚至进入了一种享受状态，行动效率大幅提升。

这个实验的目的正是强化孩子解决问题的思维与能力。事实上，当青少年遇到用常规方法无法解决的问题时，他们可以摸索出另外一种解决问题的途径，只不过这个过程需要引导与练习。父母需要做的正是让孩子找到触觉、嗅觉、听觉这些"工具"。

需要加以强调的是，这一过程非常重要，而且需要父母、孩子保持耐心，尽量寻找到更多的工具。工具越多代表青少年的能力设计越全面，而且工具也是解决问题的关键。正如爱因斯坦所说："如果只给我一个小时拯救地球，我会花 59 分钟找准核心问题，然后用 1 分钟解决它。"

▶▶ **进行失败演习**

找到工具之后，下一步是进行各种演习。孩子在这个过程中会经历无数次失败，但每一次失败对于孩子而言都是一种成长，一种收获。以胜者教育开展的沙战项目为例，目的是增强孩子的意志力。在实施过程中会有孩子叫苦、喊累，甚至无法坚持到终点，但在这一次次失败的经历中，这些孩子的心智越来越坚强，其中还有一个男孩子和母亲开玩笑地说："经历了这些训练之后，以后无论遇到什么事我都不会害怕了。"

▶▶ 组建团队

团队成员之间的相互鼓励、帮助、引导可以提升能力设计的效果。

比如我们上面提到的斯坦福大学的青少年户外探索，正是在彼此的安慰下，这群孩子才迅速安静下来，而单独进行训练时孩子心绪平静的时间会大幅延长。

05 | 要让孩子明白，
他配得上所有的好

很多父母在教育孩子的时候，明明是为了孩子好，却不能好好和孩子沟通。

我见过一位非常强势的母亲，自来到胜者教育的那一刻这位母亲还在不停地数落孩子的缺点，并且表示自己为了教育孩子劳心费力，不断降低对孩子的期望，可孩子还是让自己不断失望。

这位母亲说，有一次辅导孩子做数学作业，一道数学题讲了半个小时，问孩子是否学会了，孩子回答学会了，可随后遇到相同类型的数学题她依然不会做。

在这位母亲诉苦的过程中，我发现孩子情绪低落，甚至不敢抬头正视母亲。我思考了片刻后问这位母亲："请问您在辅导孩子的过程中有没有批评孩子？有没有了解孩子不会的原因？有没有拿别人家的孩子和她进行比较？"

这位母亲回答道："开始的时候我肯定是耐心辅导，但后来情绪不好难免发脾气，我当然提到了别人家的孩子，不给她树立一个榜样，她更不知道进取了。"

听到这位母亲的回答，我不禁为孩子感到担忧。很多父母都在犯着相同的错误，一直强调他人有，却不探究自己的孩子为何无，这种思维对孩子而言难道公平吗？

我一直强调，每个孩子都是独一无二的存在。用别人家孩子的标准衡量自己的孩子，那孩子的独特之处又在哪里呢？我坚信，任何孩子都配得上世间所有的好。这一观点父母要明白，而且父母更要让孩子明白，这正是有效引导孩子成长的最佳思维。

▶▶ 拒绝自我设限

父母拿别人家的孩子和自己的孩子进行比较，就是在为孩子设限。别人家的孩子是上限，自己的孩子是下限。长期处于下限的孩子内心十分压抑，自卑心理逐渐加重，在成长过程中就容易出现各类问题。

我在帮助青少年解决成长问题的过程中，一直反对为孩子设限。当我让孩子明白他配得上世界上一切的美好，只不过还未能拥有时，孩子往往会主动追寻，会不断超越，不断突破。

▶▶ 借势的智慧

教育不但能引导孩子成长，同时也能促进父母自身成长。我非常清楚父母教育孩子的难处，大多数父母并没有丰富的教育经验，在教育孩子时经常是在摸着石头过河。所以我建议父母应该多借鉴他人优秀的教育理念和教育方法，而不是仅仅拿他人教育孩子的成果来鞭策自己的孩子。

很多父母用喜欢拿孩子做比较，却又不能为孩子指明缩减差距的方法，反而不断责怪孩子："为什么人家可以考满分，你却不及格？""为什么同是一个老师教，你们的差距这么大？"这类问题会不断暗示孩子自身能力差、水平低、技不如人，对孩子自信心的打击非常大。

我认为，父母与其打击孩子不如提升自己的教育思维，从优秀孩子的父母身上学习更有效的教育方法，通过方法的借鉴，为孩子指明解决问题的方法，帮助孩子获得有效的提升。

▶▶ 情商的秘密

天下所有父母都希望与孩子保持和谐、亲密的关系，但我遇到最多的问题也是如何改善亲子关系。总结了多年的经验后，我找到了一个技巧：学会认可孩子的不完美。

在曾国藩写给弟弟的家书中有这样一句话："平日最好昔人'花未全开月未圆'七字，以为惜福之道，保泰之法，莫精于此。"这句话的意思是花全部开了就开始走向衰败，月圆之后就开始走向月缺，不完美代表更多完美的可能。接受孩子的不完美，让孩子接受自己的不完美，才是高情商的表现。

不得不承认，父母的功利心、虚荣心会导致父母不断折磨孩子，希望孩子成长得更加完美。这种思维导致很多父母忘记了自己的孩子真实的样子，反而苛求孩子长成别人家孩子的样子。

父母爱子女的理由只有一个，就是他是我的孩子，仅此而已。所以父母要明白，自己的孩子配得上世间一切的好，也要让孩子明白，他配得上一切的好，只不过还没有成长为最好的样子。

具有感恩的心：卓越人士的真挚情怀

父母愿意为孩子付出一切，而且不要求从孩子身上得到一丝回报，只求孩子更加健康、快乐、优秀。这就是父爱、母爱的诠释。我十分认同父爱、母爱的无私，也为这崇高的精神而感动，但我不希望父母的付出在孩子眼中是理所应当的。一旦孩子丧失了感恩之心，他的优秀就变得毫无意义。

01 | 缺乏感恩之心，再优秀也毫无意义

懂得感恩，青少年才能够正确对待家庭关系，才能体谅父母的良苦用心，才能爆发出强大的自我驱动力。

很多父母从未想过感恩是孩子成长的内驱力，是孩子优秀品质的决定因素。

我国是一个崇尚感恩、视感恩为美德的国家，我国文化中也有"滴水之恩，当涌泉相报""知恩不报非君子""投我以木桃，报之以琼瑶"等感恩教育，但我在近年的教育工作中却看到有些青少年丧失了基本的感恩意识。

这些青少年不懂得感恩主要表现为不懂得感恩父母，造成这种结果的责任者正是父母。

网络上流传着一个关于感恩的小故事。一个小姑娘为一点琐事与父母吵架后离家出走，自己在外流浪了一天后饥寒交迫，但即便如此，小姑娘依然对父母怀有恨意。傍晚，疲惫的小姑娘坐到了一家小吃店门前，看着店里的食物发呆。这时好心的店主看出了小姑娘的窘迫，

把她请到店里，为她煮了一碗热气腾腾的汤面。小姑娘吃完面后非常感激，对店主说："谢谢阿姨，你比我妈妈好多了。我以后一定会报答你的。"店主非常郑重地说："孩子，我可不敢奢求你的报答。我不过请你了吃了一碗面而已。你的妈妈为你做了十几年的饭，为什么不见你感激她呢？"小女孩听后一时愣在原地。

　　我觉得这个故事非常真实，反映了当代很多家庭的教育现状。父母过于注重孩子能力的培养，却未能让孩子认识到感恩的重要性，导致孩子将父母的一切付出视为理所应当。

　　复旦大学教授陈果曾说过这样一句话："我们往往会铭记一个陌生人对我们的一点小小的帮助，时时刻刻想要回报他。但我们很多时候记不住自己的家人、亲人、离自己最近的人对自己是那么的好。"这种教育现状导致了青少年人格不健全，即使他们再优秀也没有任何意义。

　　我向父母表达这种观点时有些父母表示不认可。这些父母认为：感恩就是孝顺，我相信我家孩子懂得做人的基本常识，感恩与是否优秀没有直接关系。下面我为大家分析一下，为什么我认定这种想法是片面的。

　　懂得感恩的青少年更加珍惜眼前的一切，这些孩子喜欢秉持谦虚的态度，而且因为父母、朋友对自己的付出而保持积极的情绪。在懂得感恩后，青少年便会深切体会到自己的责任感、使命感，不断激发自我驱动力，不仅勇于担当，更清楚如何体现自己的价值。

　　懂得感恩的青少年能够心存善念，对待父母、朋友、老师会更加亲切。因为心怀善念，这些青少年可以发现更多的美好，在生活中也更容易传递正能量。

懂得感恩的青少年往往可以树立正确的人生观与价值观，懂得促进社会和谐，并时刻明确自己在班级、团队中的位置。我正是以这一标准为胜者教育每个团队挑选班长，因为我相信懂得感恩的青少年才会为团队付出，才会站在团队的角度考虑问题。

懂得感恩的青少年还拥有更健康的心态，当孩子学会感恩生活时便可以正视更多问题。比如面对失败、挫折时懂得感恩的孩子会感谢生活给了自己尝试的机会，会尊重战胜自己的人，会从对方身上学习优秀的品质，这也是青少年迅速走向成功的方法。

懂得感恩的青少年往往表现得十分勤勉，不计较个人得失，用长远的眼光衡量自己的成长。这样的孩子会因为感恩父母的辛劳付出而忽略自己求学的辛苦，希望用更好的成绩回报父母。

懂得感恩的青少年更懂得诚信。因为感恩自己的收获，所以青少年不会吝啬自己的付出，对自己做出的承诺也会努力践行。这便培养了青少年诚信的品质，让他们成长为敢作敢当的有志之士。

我不否认孝顺是一种感恩行为，不过"感恩就是孝顺"这种想法有些狭隘。感恩是一种高尚的情操，可以覆盖青少年生活的每一个角落，所以单纯教育孩子孝顺，或单纯给孩子强调要懂得回报，都不能培养出孩子健全的感恩意识。父母要让孩子认识到感恩是一种情怀，而不是针对某一个人、某一群人的情感。

02 | 教导他积极生活，
不如告诉他学会感恩

英国科学巨匠霍金 21 岁时患上肌肉萎缩性侧索硬化症，导致全身瘫痪，不能说话，手部只有三根手指可以活动。相信普通人遭遇如此重创一定会抱怨命运的不公。可霍金却说："我的手还能活动；我的大脑还能思考；我有终生追求的理想；我有爱我和我爱着的亲人与朋友；对了，我还有一颗感恩的心……"这位在轮椅上扭曲着身体生活的人，竟然可以说出如此感人的话语，的确令人敬佩。

青少年恰恰缺少这种感恩的心态，如果青少年可以像霍金一样感恩生命、感恩生活，那么他们在生活中将减少抱怨，获得更多收获。所以我在胜者教育设置了多项感恩课程，期望通过这些方式增强孩子的感恩之心。在激发孩子感恩之心的过程中，我发现最大的受益者是父母，因为孩子懂得感恩后会更理解父母，生活状态会更加积极，与父母相处会更加融洽、轻松。

其实感恩之心在心理学中有明确的定义，被解释为对外界恩惠的感激之心。父母培养青少年的感恩之心可以从引导其学会换位思考开

始。当孩子可以站在父母、老师、朋友的角度思考各种恩惠时，即使自己不喜欢这些恩惠，也不会轻易产生抱怨的情绪。

有一位母亲向我提出过这样一个问题："为了孩子能够学业有成，三年前我辞职回归家庭，开始全心全意照顾孩子。可如今我家孩子的脾气越发暴躁，甚至在和我意见不同时对我恶语相向，为什么他一点都不懂得感恩呢？"我对这位母亲的回答是："你可以试着找个理由让孩子照顾自己一段时间，然后再和他相处。"这个方法虽然治标不治本，却能解答这位母亲的疑惑。

很多时候孩子不懂感恩，是因为孩子不懂得换位思考。当孩子能够亲身体会给予者的用心和辛苦后，才能明白恩惠的可贵。

提到换位思考，我不得不提起另外一种观点。有些父母认为孩子不懂得感恩是因为生活条件太过优越，缺少生活的磨炼。诚然，经受过失去、挫折后孩子可以感受到当下的美好，但刻意的磨炼并不能培养孩子感恩的心性。比如条件优越的家庭突然让孩子改变生活习惯，这只会让孩子感觉自己被针对，加深对父母的误会，很难体会到父母的良苦用心，更难产生感恩之心。

磨炼孩子的最佳方法是培养孩子自己获取某个东西的能力，比如给孩子提供一个打工的机会，让孩子用自己的所得购买喜欢的物品。在这个过程中孩子就能够体会到父母的不易，从而重视父母的付出。

还有一些父母喜欢向孩子诉苦，以此让孩子感恩自己。我认为这种方式同样不可取。因为对孩子诉苦的同时会让孩子产生自责与负罪感，感恩应该是一种积极的生活状态，而不是背负着沉重的心理压力。

事实上，西方教育学家早已通过实验证明，培养青少年的感恩之心需要父母营造好良好的家庭关系和家庭氛围，用"身教"去影响孩子的潜意识。如果父母经常在孩子面前抱怨快递员送货不及时、朋友能力低下、公司待遇不公等，那么就很难培养孩子的感恩之心。反之，如果父母能对生活多一些宽容、对他人多一些理解，那么就更容易培养孩子的感恩之心。

03 | 急功近利的父母，
怎能培养出感恩的孩子

我对当代家庭、学校、社会中急功近利的现象进行了总结，并分析了这种心态对青少年的影响。

如果父母怀有急功近利的思想，则在教育孩子的过程中很容易重学习、轻品德。这会影响孩子对教育的正确认知，让孩子失去对朋友、老师、学校、社会的基本尊重，自然难以产生感恩之心。

如果学校里出现急功近利的思想，那么青少年教育将体现为分数教育、课本教育，素质教育会受到限制。

如果社会上出现急功近利的思想，则青少年的价值判断将受到影响，其看待事物的角度会出现偏差。

从结果来看，无论哪种环境出现急功近利的思想，都会对青少年产生不良影响。父母能够采取的最好办法是调整自己急功近利的心态，为孩子营造更健康的成长环境。

父母可以从以身作则和增强体验两个方面让孩子认识到感恩的重要性。

▶▶ **以身作则**

以身作则不只是父母需要通过感恩的实际行动影响孩子，还需要引导孩子承担一些家庭责任、社会责任，比如每天定量为孩子分配家务，让孩子参与到建设家庭、维护家庭氛围的工作当中。这样孩子就可以体会到父母的辛劳，从而增加对父母的敬爱、感激之情。

另外，父母还需要注重培养孩子的独立能力，降低孩子对父母、老师的依赖，增强孩子的自觉性。给孩子更多自立的机会，孩子才能够感受到收获的可贵，才会感恩生活，感恩父母。

▶▶ **增强体验**

培养感恩之心不同于提升青少年的个人能力，感恩之心需要青少年从真实体验中感悟，所以我认为父母可以引导孩子参与一些感恩活动。比如，让孩子每天为家庭做一件力所能及的事，通过生活的真实改变领悟感恩家庭的效果；或者让孩子为老师做一些力所能及的事，让孩子感受到老师的变化，领悟感恩他人的效果。

04 | 感恩是青少年健康成长的必备要素

父母都希望孩子的成长可以健康快乐，孩子的未来可以美满幸福。为此，很多父母倾尽全力提升孩子的生活条件，倾尽所有改善孩子的生活品质。可有时候父母越付出，孩子的需求就越多，父母越拼搏，孩子的惰性就越强，这就是忽视感恩教育带来的后果。

美国知名作家贾尼斯·卡普兰在《感恩日记》一书中讲解了很多有关感恩的观点，我在研读中发现青少年提高情商、智商、财商的方法都与感恩有关，可以说感恩是当代青少年健康成长的必备要素。

培养青少年的感恩之心有助于培养青少年的情商。因为懂得感恩的人更容易融入群体，也更容易获取社会资源。正如美国经济学家安东尼曾说过："我更喜欢投资给懂得感恩的人，因为这会为我带来丰厚的回报。"

培养青少年的感恩之心有助于培养孩子的智商。懂得感恩的青少年更懂得换位思考，看待问题的角度也更加丰富，这类孩子往往可以表现出更高的智商。

　　例如，胜者教育就培养过一位谦逊的班长。这位班长虽然是入学当天临时被选举出来的，但在后续的学习过程中却把班级管理得井井有条。

　　这个孩子当选班长时曾这样说："我非常感谢各位同学的信任，感谢大家不嫌弃我曾经是一个问题少年，给了我人生中第一次做班长的机会，我一定会努力满足大家的需求，管理好我们的班级。"

　　就是在这种感恩的心态下，这位班长与每一位同学都建立了紧密的关系，对班上同学的特点也了如指掌。在后续的学习活动中，这位班长总能第一时间帮助同学分配适合的任务，这个班级的总成绩也是同届班级中的第一名。

　　培养青少年的感恩之心有助于培养孩子的财商。我坚信青少年需要进行商学知识的学习，而且要尽早。这并不是为了培养孩子的经商能力，而是为了培养孩子的共赢思维。

　　松下幸之助晚年总结自己的成功理念时分享过这样一个观点：经商之道就是表达感恩之情，客户对我们的信任是一种恩惠，我们需要做的就是回报。最初看到这句话时我只把它当作一种商业思维，但在教授青少年学习感恩时，我又经常想到这句话。我发现家庭教育与经营企业存在相通之处，父母的付出是为了培养孩子，企业家的付出是为了打造企业，所以这种成功理念在教育领域也十分适用。

　　青少年学会感恩信任自己的人，自然会收获更多信任，彼此便可以进入一种长久的共赢状态。

通过上述观点的分享，我相信父母都可以认识到培养孩子感恩之心的重要性。

我坚信，感恩之心作为“胜者163教育模型”的一个重要组成部分，对培养青少年的道德和信念有重要作用，对青少年树立正确的人生观和价值观有积极影响。

具有社会责任感：卓越人士的人生底色

"少年智则国智，少年富则国富，少年强则国强。"梁启超的"少年论"既是国家发展之理，也是少年成长之路。不过这里有一个重要前提，这便是少年要具有社会责任感。具备社会责任感，少年才能成为社会英才、国之栋梁。

01 | 社会需要有担当的孩子，
      而不是利己主义者

梁启超的"少年论"激励了我国几代青少年的奋发向上。我一直非常敬佩他的独到眼光，可以一针见血地指出少年与强国之间的关系。

不过我认为想要让少年强与国强之间建立必然联系，需要一个重要前提，这就是孩子们必须要具备社会责任感。

何为社会责任感？社会责任感是指生活在当前社会的每一个人，内心都要顾及他人的感受，承担相互关怀的义务。这要求社会中的每一个人都要懂得社会整体的重要性，怀利他之心、利集体之心从事各种活动。换而言之，没有人可以脱离社会，所以每一个人都必须要对社会负责。这种责任感越强烈，社会才能够发展得越美好。

具有社会责任感的人往往具备以下三种特质。

① 具有正确的道德主张，不被世俗观念侵染。
② 具有正义的情怀，并且在生活中不断践行正义。
③ 愿为他人和社会奉献和牺牲。

一个国家的强大与青少年的社会责任感密不可分。青少年一代具有较强的社会责任感，民族就会更加团结，国家就不惧来自外部的挑战。相反，一旦青少年的社会责任感缺失，国家的发展就很容易受限。

从历史的发展中我们可以看出，凡国之栋梁必然具备强烈的社会责任感，民族的每一次进步都源于社会责任感。杂交水稻之父袁隆平生前曾表达过自己的两个梦想：一是禾下乘凉梦，即我国试验田中的水稻可以长得如高粱一样高，他便可以坐在稻穗下乘凉；二是杂交水稻覆盖世界的梦想，即如果全球的一半稻田都种上杂交水稻，全球粮食生产量每年将提高 1.5 亿吨。

从袁隆平的两个梦想中，我们可以感受到浓浓的社会责任感，且这种责任感自其少年时期便存在。从小就怀有为中华崛起读书之志的袁隆平毕业后的第一份工作是农村教师，一次偶然的机会他发现了一棵天然的杂交水稻。看着这棵与众不同的水稻，袁隆平第一时间想到的是全国人民面临的困难，于是他立志用自己所学的农业科学技术击败饥饿威胁，由此开始了自己传奇的一生。

从袁隆平的生平中可以看出，社会更需要有担当、有社会责任感的生力军，而利己主义者注定碌碌无为。

成长为具备强烈社会责任感的青少年，对家庭、青少年自身、国家而言都有重要意义。

首先，对于家庭而言，孩子的社会责任感体现了家庭教育的成果，反映了父母的胸怀与格局。父母应当明白，先成人，之后方可成才，引导孩子成长为有利于社会的人才正是教育的正确方向。

其次，对于青少年自己而言，社会责任感是青少年心智成熟的表现，是其融入社会，在社会中发光发热、取得惊人成就的重要基础。具备强烈的社会责任感，青少年往往可以成长为社会的核心力量，其感染力、影响力也会更加突出。

最后，对于国家而言，青少年的社会责任感决定了国家的发展潜力。青少年作为国家发展的后续力量，承担着加速时代进步的重任，其个人价值的体现离不开社会舞台，展现个人社会责任感也是青少年展现个人价值的重要方式。

可见，加强构建青少年的社会责任意识，培养更多有担当、有勇气的青少年，是我国父母的一份责任。在家庭教育、青少年教育方面，各位父母要牢记以下几点。

● 在教育过程中，要不断向孩子传达社会责任感的重要性。人类社会是一个整体，缺乏社会责任感的人，难以在社会中承担责任，也就无法发挥出更大的价值。

● 鼓励孩子多参加社会活动。在参加社会活动的过程中，孩子会受到周围环境的影响，逐步改变自己的观念和行为，认识到付出的重要性。个体在做出决策的时候，动机往往是自私的，但在融入群体后，个体做出决策的时候，就会自觉地考虑整个群体的利益，因为只有群体受益了，个体才会受益。

● 引导孩子在生活中体现自己的社会责任感。比如在公共场合要遵守规则，遇到不好的现象要敢于纠正等。

02 | 鼓励孩子走向卓越，成为世界公民

　　我国教育领域中存在一种"5 + 2=0"的教育现象，学生在学校中学习了5天的社会公德、社会责任等知识，周末两天在家却被父母"不要多管闲事""如果没有危险可以闯红灯"等思想消磨殆尽。

　　我希望父母可以树立正确的意识，即鼓励孩子走向卓越，努力成长为世界公民[⊖]。

　　青少年最终都会从家庭走向社会，作为社会成员，人人都享有一定的权利，同时也承担着维护社会和谐和社会稳定的责任。如果父母不重视培养孩子承担社会责任的态度，那么孩子很容易因不对社会负责而付出代价。

　　例如，2020 年，年轻人郭某为图一时之快，于新冠肺炎疫情防控期间出国观看足球比赛，回国后出现发热症状其父母选择用包庇、欺骗等方式隐瞒事实，造成疫情传播风险，这种缺乏社会责任感的表

　　⊖　世界公民一词有多重含义，通常是指一个不只关心自己的社区和国家，也关心世界上其他地方的事情的公民。他们关注世界上不平等的情况，了解不公义和贫穷的成因，也愿意承担责任，身体力行地挑战不公义与贫穷。

现正是父母教育缺失的结果。

父母有责任让孩子明白公民具备社会责任感是社会安定和社会发展的基础，让孩子了解社会运转的基本原理，让孩子意识到在社会可持续发展的过程中，每一个卓越人士需担负哪些责任，秉持哪些道德观念。

2019 年，美国的一所大学到中国招生。在笔试环节，大部分中国学生都轻松通过了，但在面试环节考官提出了两个问题，正是这两个问题刷掉了八成学生。

第一个问题是：你为什么选择去美国读书？第二个问题是：你毕业后的梦想是什么？

针对第一个问题，大多数考生选择了将中外教育环境进行对比，并细数了该大学的教育优势，称赞了该大学的教育成就。

针对第二个问题，大多数考生描述了自己的个人理想。比如到世界 500 强企业任职，或在某一领域创业。

结果面试官以"缺乏社会责任感"为由拒绝了大批学生的申请。但有一位同学以满分成绩被这所大学录取，这位同学对这两个问题给出的答案分别为"世界美如斯，何不负笈游"，"把我所见所闻所学带回中国，分享给更多有梦想的孩子"。

从这个案例中我们可以看出，想要获得优质的社会资源，恰恰需要强烈的社会责任感做支撑。

2015 年，比尔·盖茨在"艾滋病／结核病防治宣传校园行——走进海南大学"的活动中发表了演讲，鼓励更多大学生成为"世界公民"，希望更多有见识、有激情的青少年可以携起手来，共同改变世界。

比尔·盖茨在演讲开始的时候提到了自己的三个赌约：

40 年前，我和保罗·艾伦就微软打了一个赌——在不久的将来每个人的桌上都会有台电脑，这将改变人类的生活。

15 年后，梅琳达和我就盖茨基金会打赌——如果我们投资创新，投资给那些有决心、有才华并愿意投身健康与教育发展的人才，那么每年可以挽救更多儿童的生命，可以让更多的人养活自己，并且让每个孩子都得到良好的教育。

今年 1 月，梅琳达和我立下了一个新赌约——在未来 15 年，穷人生活的改善速度将超过以往任何一个历史时期。

这三个赌约其实也是比尔·盖茨改变世界、改变人类生活的三个梦想。在实现这三个梦想的过程中，比尔·盖茨获得了来自全球各地的支持，他感受到了世界公民的力量，感受到了社会责任感的重要，所以，比尔·盖茨才表达了"需要更多有见识、有激情的人携起手来，共同改变世界。'世界公民'越多，行动越积极有效，社会就进步得越快"的观点。

相比公民而言，世界公民具有更广阔的眼界与格局，其主要具备以下几个特点。

① 具有更全面的世界观，了解世界各国之间的依存关系。

② 具有追求世界美好的价值观。

③ 了解和平的重要性，具有较强的和平意识。

④ 尊重不同国家的文化差异，欣赏各国的文化特色。

⑤ 具有文化开放、文化交流的意识。

⑥ 关注世界贫困问题，具有扶弱的意识与责任感。

⑦ 理解社会可持续发展的原理，具有保护地球、保护生态的意识和行动。

父母可以尝试让孩子了解自己与他人、自己与社会、自己与国家、自己与世界、自己与自然之间的依存关系，强化孩子的公民意识，鼓励孩子参加公民活动，并以发挥更大的公民价值为人生目标。

03 | 只有维护集体利益，
才能获得荣耀

在成长过程中，除了父母的鼓励和赞扬外，荣誉感也可以激发青少年的自我驱动力，加速其健康成长。青少年的荣誉感来源于集体，通过杰出贡献得到他人的认可和称赞，青少年的内心便可以产生一种积极向上、继续进取的欲望。

荣誉感的获得并不是以个人意愿为主导的，它需要青少年以团队目标为奋斗目标，即个人行为要为团队创造利益。从这一角度来分析，荣誉感也是青少年社会责任感的体现方式。

培养青少年的荣誉感是父母强化孩子社会责任感的有效方式。我研究过无数问题青少年的蜕变过程，发现在蜕变过程中这些孩子都学会了如何融入集体，如何追求集体荣誉。

我曾遇到过一个特殊的男孩，这个孩子性格过于内向，且毫无探索欲望。当我发现孩子表现得过于自闭时，便主动询问他："为什么不参与到他们的活动中呢？你看大家一起玩多开心。"没想到孩子居然回答："我为什么要参与到他们当中呢？我一个人也可以玩得很开心。"

从这个男孩的话语中，我感到他非常缺乏集体意识。如果孩子长期生活在自己的世界里，其好胜心、进取心、主动性将被消磨殆尽。

荣誉感是确保青少年心智健全的重要基础。父母要培养孩子的荣誉感，需要让孩子先学会维护集体利益。

父母可以尝试多引导孩子关心集体，关心集体内的其他成员。很多父母喜欢教育孩子，不要关心学校内其他同学的是非，约束自己不犯错即可。这种教育方式会让孩子失去很多向他人学习的机会，也会让孩子失去基本的集体责任感。

父母可以鼓励孩子勇于为集体担责，主动维护集体利益。在这个过程中孩子会产生积极的情绪体验，且其沟通、表达等解决问题的能力也可以得到强化，同时也会获得更多伙伴的认可，这对其健康成长有积极的影响。

父母需要让孩子认识到，维护集体利益是获取荣誉感的最好方式之一。在维护集体利益的过程中，孩子可以为集体做出贡献，也可以维护其他成员的利益，这种行为不仅可以赢得伙伴的认可，更可以获得集体领导者的称赞，孩子的荣誉感便会随之产生。

引导青少年获得各种荣誉，可以有效强化其社会责任感。因为社会由无数个小集体构成，在获得集体认可的过程中，青少年的利他思维、奉献精神都可以得到强化。

随着接触的集体规模的不断扩大，青少年对社会责任感的理解将不断深入，自身的社会责任意识将不断加强，从而逐渐成长为一个被社会认可、被社会赞扬的优秀青年。

第四部分

让孩子具备变得优秀的力量：
如何培养精英思维

　　成长的重点不是让孩子从平凡变得优秀，而是让孩子具备变得优秀的力量。这就需要我们培养孩子的三个思维：艺术思维、建筑思维、辩证思维。

第 13 章

艺术思维：
艺术力
即
创造力

　　爱因斯坦曾说过："想象力比知识更重要，因为知识是有限的，而想象力概括着世界上的一切，推动着进步，并且是知识进化的源泉。"想象力恰恰源于艺术思维。有艺术思维的青少年敢于突破现状，勇于开创未来，成就不可限量。

01 | 有美感的孩子
才有创造力

我在前文详细阐述了当代卓越人士需要具备的六个特质，青少年追求卓越需要在这六个特质的基础上培养出三种关键思维：艺术思维、建筑思维、辩证思维。这三种思维是青少年深度认知世界的重要基础，更是青少年实现自我突破的重要工具。

艺术思维是青少年创新灵感的来源，也是青少年打破常规的前提。青少年的艺术思维首先体现为美感，之后表现为创造力。

正如著名画家、作家木心先生所说："没有审美力是绝症，知识也救不了。"20 世纪初蔡元培先生更是提出了"以美育代宗教"的畅想，期望以提升国人审美的方式提升国人的文明素质。我国美术教育家吴冠中先生曾这样形容过我国的美育现状："文盲不多，美盲很多。"正是这种教育的缺失，导致了我国青少年成长水平受限。那么，美感如何决定孩子的创造力，又如何促进青少年的成长呢？

我在打造孩子艺术思维的过程中发现，美感会影响青少年的个人魅力。美感不仅是青少年爱美、懂美的表现，更影响了青少年看待事物的角度与态度。有美感的青少年更懂得欣赏身边的事物，且表现出独特的审美格调，这些表现可以令其散发出与众不同的个人魅力。

美感也影响着青少年的个人气质。有人说美感是通过环境熏陶获得的，但我更认为美感是一个人心灵高贵、举止优雅的内在根源。有美感的人可以表现出独特的气质，其气度、言谈举止更能够感染人、打动人，并散发出令人感觉舒适的气息。

美感是社会刚需。有美感的人更懂得如何美化社会、美化世界，懂得如何根据环境创造美，可以让城市表现出不同的韵味，甚至可以提升一个城市的幸福感。

有美感的人更有品位。这不体现为对奢侈品的追求，也不是奢靡的生活状态，而是一种高端的思维，高尚的情操。有美感的人可以在有限的资源中营造雅致、古朴、前卫等不同的气息，也可以运用匠心改变环境的风格。可见，美感是当代青少年步入社会更高层次的坚实阶梯。

那么，美感和提升青少年创造力又有哪些直接关系呢？纵观社会中有大成就的人，无一不是富有创新力的时代强者，其思维、行为都可以表现出独特的艺术感，这便是美感带来的创造力。

在青少年成长的过程中，艺术思维还体现为创新力，能够引导青少年打破常规，实现自我突破。

日本学者山口周在《美感的力量》一书中提出了一个非常重要的观念，叫作"感性获利的新时代"。山口周认为，现代社会的美大多属于感性美，人们对美的认知已经颠覆了传统的理性观念。感性美等同于创造力，或者说有美感的人更能够为这个时代创造美。

具有美感的人不受环境的限制，可以发现相同环境下隐藏的美妙之处，或利用环境创造美，这都是利用美感提升青少年创造力的表现。父母注重孩子的美感培养，可以令其思维从追寻美转变为发现美、运用美、创造美。

强化美感需要青少年充分调动视觉、嗅觉、发散思维，在这个过程中青少年的跨界思维将得到强化，其想象力可以得到提升，创造力随之升级。

蔡元培先生曾经表示，美育的目的在于陶养人的感情，提高人识别美丑的能力，培养人格高尚的情趣，保持积极进取的人生态度。在美育的过程中，青少年的心灵会得到净化，人格会更加高尚，且追求美好事物的冲动会更加强烈。

在过于教条的环境中，青少年的审美能力会受到抑制，他们甚至无法建立明确的审美标准。为了确保孩子的健康成长，我希望父母及时培养孩子的美感，丰富孩子的想象力，进而提升孩子的创造力。

02 | 那些最重要的东西，往往看起来"无用"

我曾咨询过无数父母："你认为在孩子成长的过程中，哪些东西才是最重要的？"父母普遍关注的重点有三个：健康、学习和品德。对待这三个关注重点，大多数父母认为应当"确保孩子健康，偶尔教育品德，把大量的精力用于辅导、强化孩子的学习"。

因为学习成绩除了可以体现孩子的个人实力外，还可以让父母拿来炫耀，让老师评定孩子的优劣。正是因为它"有用"，所以被父母认为是最重要的。在这里我想提醒一下各位父母，课本知识不过是孩子成长中的一项学习任务，真正决定孩子未来的因素还包括孩子的意志力、学识眼界、自我驱动力等。

为什么这些重要因素往往被父母忽视呢？因为"没用"。

父母很难从青少年的生活中具象地看到这些特质的作用，且这些特质更多体现为孩子的脾气秉性、人生态度、价值观、世界观等。正是因为它们"没用"，所以容易被忽略。

不知不觉中，父母对孩子的引导也开始偏重"有用"二字，似乎青少年的成长变为了"学习有用的知识，做有用的人"。的确，我们的社会需要更多有用的人，但"有用"仅仅能满足社会的基础需求，我想父母都希望孩子最终成为卓越的人，而不仅仅是有用的人。

每当我提及父母需要强化孩子的艺术思维时，总会有父母反驳：孩子学习艺术有何用？他们的人生目标又不是当艺术家，还不如多背一些英语单词。殊不知，正是这些看似无用的东西，会支撑孩子成为社会栋梁。

很多人眼中的"无用"，事实上就是最有用的东西。父母要明白，不能用"是否有用"来衡量教育。

事实上，优秀学生与优秀人才存在本质区别。优秀学生是指学习能力强或学习成绩好的人，但优秀人才是指对社会做出突出贡献、为人类发展带来积极影响的人。

时至今日，仍然有很多父母误认为孩子是优秀学生，步入社会后必然可以成为优秀人才。这种错误观点耽误了孩子的成长，耽误了孩子的一生。

从教育的角度来讲，教育是否有效主要取决于是否实现了教育的目的。那么我想问，各位父母教育孩子的目的是什么？很少有父母可以给出准确答案，这些父母更不知道自己选择的教育方式能否达到教育目的。

　　各位父母应当明白，教育是一个引导孩子观察、发现、思考、感悟的过程，在这个过程中孩子发现问题、提出问题、思考问题、解决问题的能力会得到提升。

　　艺术思维是孩子创新力、创造力的源泉，是孩子终身受用的财富。

03 | 打破常规
才能成长

　　很多人认为，艺术思维只存在于艺术领域，与大众生活没有直接联系。其中不乏一些父母认定，艺术思维是脱离生活的，不利于孩子的健康成长。

　　最初经营胜者教育时我就发现了艺术思维对青少年成长的重要性，可当时大多数父母不认可我的观点。每当我提及艺术思维时，便有父母打断我："我不想让孩子走艺术这条路，所以我觉得他有没有艺术思维不重要。"遇到这种情况时我就不得不耐心解释艺术思维的含义，以及它对青少年健康成长的促进作用。

　　如今回顾这些经历时，我十分庆幸自己多年的坚持，正是对青少年艺术思维的重视，才确保了胜者教育良好的教育效果。在这里我再次为父母详细解释下何为艺术思维。

　　所谓艺术思维，并非指艺术创作的思考方式，而是指人的想象力、联想力、灵感、直觉，以及各种感觉在相互结合中迸发的独特思路。艺术思维是人类想象力的呈现方式，也是大脑中形象思维与具象思维的辩证关系体现，它带给人类的不仅仅是艺术，更是规则的突破、理念的创新。

父母要明白，艺术思维绝不是存在于文艺领域的某种灵感，而是影响着人类方方面面的思维方式。很多伟人身上都有艺术思维，比如爱因斯坦。爱因斯坦被誉为人类历史上最伟大的科学家之一，他提出的"相对论"改变了人类对空间互不干扰的认知。同时，爱因斯坦也是一位极具艺术思维的人，他的诸多发明恰恰是因为对艺术的追寻。爱因斯坦曾说："从个人角度来说，我从艺术作品中体验到无与伦比的愉悦，艺术作品给予我强烈的快乐感觉，这是我从其他事物中无法获得的。"

爱因斯坦认为，艺术就是这个世界的与众不同之处，而人类的发展就是在追随着这些不遵循常理的变化。比如所有人都认定"光是沿直线传播的"，但爱因斯坦在看到一张日全食的照片时说道："多么真实的光线弯曲啊，多么漂亮的验证啊。"正是这句话引发了全球对光线传播理论的研究。而研究也证明了，光在前进的路途中会受到传播介质和天体引力场的影响，的确会发生传播弯曲的现象。

爱因斯坦眼中的"美与艺术"，恰恰是打破常规的思考，是不遵循常理的探寻。正是因为拥有艺术思维，他才为世界创造了巨大的知识财富。

很多时候父母都会对孩子提出的奇怪问题、表达的独特观点进行制止，却没有想过这种行为正是孩子成长的表现。爱因斯坦 15 岁时选择了辍学，原因是老师不同意他用视觉想象的方式进行学习。试想，如果爱因斯坦没有打破这种规则，那么他也许就不会取得后面的成就。

全球知名品牌帝亚吉欧的创始人曾说过，当代产品的设计不仅仅依靠设计思维，更需要艺术思维的支持。因为设计思维关注的问题是"如何做好"，而艺术思维关注的问题则是"如何做得更好"。"如何做好"的过程需要遵循常理，需要构建稳定的思维框架，而"如何做得更好"则需要打破常规，带给世界更多的与众不同。

青少年在成长过程中恰恰需要不断打破常规，因为这可以培养其想象力和创造力。比如，当有人提到汽车时，大多数人脑海中联想到的是汽车的外观，或汽车在路上奔驰的画面，但青少年却不会遵循这种常理，他们可能会想到汽车在天空中飞翔，在海面上行驶，这些思维恰恰是孩子成长中的宝贵财富。

法国作家埃克苏佩里的作品《小王子》在全球畅销多年，书中写了这样一段故事。飞行员6岁的时候画了一幅画，他高举着这幅画来到大人的面前问"你们怕不怕"，谁知道大人们回答道："一顶帽子有什么可怕的。"飞行员跑回去又重新调整了一下自己的画，回来后说道："你们仔细看一看。"这时大人们才看到飞行员画的是一条蛇吞掉了一头大象，蛇正趴在地上慢慢消化，所以看起来像一顶帽子。可惜飞行员的打破常规的想象力依然没有得到父母的重视，反而要求他认真学习数学、地理、历史等知识，就这样他绘画的梦想与天赋被扼杀在了童年。

　　我想说，很多时候父母会在无意中限制孩子的成长高度，让孩子的未来趋于平庸，其主要表现为不允许孩子打破规则。打破规则是孩子思想突破的主要表现，历史上无数天才正是依靠这种不遵循常理的想象力取得了举世瞩目的成就。

　　父母在教育青少年的过程中，应当增加一些有利于孩子艺术思维培养的教育方法，给孩子更多探索的空间，并对孩子独特的思维给予肯定，确保其成长高度不受规则的限制。

　　我发现，孩子的联想往往可以超越惯有思维，突破时间局限。这种发现源于我在朋友家做客时，有幸看到的一张试卷。

　　试卷问：雪落到地上会怎样？

　　孩子回答：会变成小树、小草、小花朵。

　　试卷问：什么时候树叶会掉下来？

　　孩子回答：在我做花篮的时候。

　　孩子打破常规的回答方式让我非常敬佩。雪落下后会融入土地，到了春天土地上会长出树木、青草和花，这种逻辑思维没有任何错误。父母不能因为雪化成水的常规思维就限制孩子的想象力。

　　美国著名航天专家凯瑟琳·约翰逊从小就对数字机器敏感，而且她思考问题的方式从不遵循常理。凯瑟琳·约翰逊的父母从不加以干涉，并认可了她打破常规的学习方式和学习行为。就这样凯瑟琳·约翰逊为美国航天历史创造了难以想象的辉煌。

　　成长需要被保护，不需要被抑制；成长需要被引导，不需要被主导。父母见证孩子成长的最好方式不是孩子达到了父母的要求，而是孩子长成了他自己喜欢的样子。所以，多给孩子一些空间，多让孩子做出一些突破，孩子才能超越父母的期望，成为社会的栋梁。

04 | 拥有艺术思维
才能更好地解决问题

在成长过程中，随着艺术思维的增强，青少年在遇到各种问题时可以想出更多新思路、新方法；而如果缺乏艺术思维，青少年只会用固有的思路思考问题，大脑得不到深度开发，那么其心智成长自然也无法获得突破。

青少年在遇到问题时往往会直接考虑我该如何利用现有的知识来解决；而在艺术思维下，青少年会首先考虑"我看到了什么？我发现了什么问题？这些问题意味着什么？这些问题有哪些解决方式？"。在艺术思维下，青少年就可以在解决问题的过程中获得更多收获，且其解决问题的能力也可以得到提升。

我曾在一次活动中对孩子们开展过一次测试，当我向所有孩子提出，由于意外情况导致储备水源丢失，剩余水源只能够支撑一天，大部分孩子表示应该马上请求外界支援，或者更改路线从而寻找最近的水源地。

这时，一个孩子提出了不同的建议。这个孩子说他观察了全队平时的用水习惯，发现部分队员有浪费水的行为。如果立即停止这些行为，对现有水源进行合理分配，一天的用水量可以用到一天半左右。另外，全队还可以将水果作为补充水分的一种方式，同时减少高盐分、高糖分食物的摄入，这样现有水源便足以支撑队伍到达目的地。

在这次测试中，我发现这个孩子看待问题、思考问题、解决问题的角度非常独特。他的关注点并不在外界，而在队伍自身，而且他提出的各种建议均可以有效地解决问题，这正是典型的艺术思维。如果父母可以强化孩子"敢想、敢质疑、敢探索、敢行动"的思维方式，那么可以发现孩子遇到问题时思考的不再是"我该如何解决"，而是"我该用哪种方法更好地解决"。

我国教育学者通过研究证明，青少年遇到新颖、复杂、冲突性强的问题时好奇心和探索欲更强，而新颖感、复杂性、冲突感更多来源于真实情境，而不是书中的题目。所以我对孩子艺术思维的强化均来源于实际，用这种方式获得的强化效果更为突出。

另外，前文中我提到了同理心，同理心也是发现问题的本质、有效解决问题的技巧。强化孩子的艺术思维同样需要运用同理心。比如，当父母问孩子一个篮球从什么高度落下后，可以反弹一米高时，大多数孩子对这一问题的兴趣并不浓厚，而且计算方法过于单调。但如果父母问孩子把篮球举到哪个高度，篮球落下来时可以碰到他的下巴时，孩子思考问题的主动性便可以被调动，同时孩子还会思考一些避免出现这一状况的措施。

　　这便是代入情感想象后，孩子思考问题时的思维差别。代入情感想象后，孩子会产生同理心，从而结合自身感受思考解决问题的方法。在这种积极的状态下，孩子解决问题的思维会更活跃，方式会更多样。

05 | 培养孩子艺术思维的五个方法

在当代青少年成长的过程中，我们可以发现这样一个现象：学习成绩优异的同学总有一些业余爱好，而学习成绩平平的学生大多在疲于追赶。试问父母会不会产生这样一种想法，因为名列前茅的学生成绩优异，所以这些孩子可以分出精力培养业余爱好，而成绩平平的孩子自然需要将更多时间分配到学习当中。

那么，父母们有没有想过正是因为这些同学有了业余爱好，才让他们更容易取得优异成绩呢？

我总结了自己强化青少年艺术思维的各种经历，发现培养孩子的艺术思维，不外乎以下几种方法。

▶▶ 培养孩子良好的习惯

父母培养孩子良好习惯的方法有很多，但确保孩子保持积极的情绪是前提。在积极的情绪下，孩子具有较强的自主意识与探索欲望，通过这种方式培养出的生活习惯有助于强化孩子的艺术思维。比如，让孩子每天早晨外出散步，找到自己感兴趣的三个事物，回家后找到对应的单词，进行学习理解，这种英语词汇积累方法的效果远超常规的死记硬背。

▶▶ 强化孩子的关注度

艺术思维是对一种事物、一个问题的深入探究，所以艺术思维与青少年的关注度有直接关系。父母在培养孩子艺术思维的过程中，应当强化孩子对问题的关注度，锻炼其第一时间把握问题的能力。

▶▶ 提升孩子思维与行动的结合能力

行动是证明思维是否可行的唯一方式，在思维产生后，通过行动也能发现思维中存在的不足，所以想提升孩子的艺术思维，还需要强化孩子知行合一的能力。

当孩子提出一些打破常规的建议与方法时，父母不要急于否定或赞扬，而应当引导孩子进行实践，通过实践证明孩子思维的可行性。另外，这种方式可以让孩子得到满足感、成就感，让孩子强化艺术思维的主动性得以提升。

▶▶ 增强孩子的体验感

在孩子将思维转化成行动后，父母还应当引导孩子强化自身的体验感，从而判断思维的改善方向。

▶▶ 帮孩子找到艺术思维的牵引力

艺术思维的牵引力不是解决问题的欲望，而是孩子遇到问题后引发的各种思考，思考越深入、越全面，孩子主动解决问题的欲望越强烈，且解决问题的方式方法越多样。

想要帮助孩子找到艺术思维的牵引力，就需要让孩子在解决各种问题的过程中总结出自己的一套方法，其中包括看待问题的角度、思考问题的深度、解决问题逻辑等多方面因素。当孩子具备了属于自己的思维架构后，便容易在解决问题的过程中找到乐趣，使自身的艺术思维得到强化。

在具备艺术思维后，孩子的想象力、创造力将达到全新的高度，孩子会快速成长，孩子的各项能力会随之强化、提升。

建筑思维：
搭积木
的
启示

　　青少年解决问题的能力主要源于逻辑思维，逻辑思维的强弱决定了其能力的高低。当青少年可以像搭积木一般解决各类问题时，证明他已经具备了建筑思维，他解决问题的能力已经相对成熟，他成长的速度也将更快。

01 | 建构能力是
　　　孩子的顶级能力

　　我在"胜者 163 教育模型"中提出的建筑思维,并非指建筑行业的工作思维,而是指青少年的思维架构如同搭建的建筑物一般牢固、合理。

　　建筑思维通常体现为理性的决策能力、系统的思考能力,以及敬畏规则的严谨态度。青少年在这种思维下可以合理地解决各种问题,并具备对事物观察、分析、判断、推理、思考的能力。

　　比如,有些孩子做事有条理,遇事冷静谨慎,能够轻松、高效地解决问题,这正是建构能力出色的表现。因为在孩子的脑海中,任何问题的解决都可以如同搭建建筑一般,画好图纸、打造地基、选好材料,然后按部就班地完成。

　　斯坦福大学心理学教授卡罗尔·德韦克曾说过这样一句名言:思维模式决定命运。在卡罗尔·德韦克教授的眼中,人们的思维模式、思考能力是决定其人生高度的主要因素。

　　卡罗尔·德韦克教授在《看见成长的自己》一书中提到逻辑思维

能力与逻辑推理能力是孩子成长的关键能力，这两种能力也是孩子成为卓越人士的重要基础。

逻辑推理一般分为直接推理与间接推理两种。直接推理是根据现有信息，按照事物发展的逻辑方向进行的推理。比如父母过于繁忙时精神压力较大，容易发脾气，孩子就懂得在这段时间内避免打扰父母，这便是最简单的直接推理。间接推理是指在两个或两个以上前提的基础上进行的演绎推理。比如得知前提 1 为所有果树都是植物，前提 2 为苹果树是果树，之后便可以推理出苹果树是植物的结论，这便是简单的间接推理。

理查德·尼斯贝特博士在《逻辑思维》一书中提出，在青少年时期人类的逻辑推理能力可以获得有效提升，而在成年之后，固定、惯用的生活思维反而会抑制逻辑推理能力的发展。

我建议各位父母在孩子成长的过程中及时提升其逻辑推理能力，这有助于其提高智力水平。总结了《逻辑思维》一书中的各种强化方法后，我发现青少年强化逻辑推理能力分为三个步骤。

第一步，加深对常规逻辑的理解。在孩子成长的过程中，父母可以多锻炼孩子理解、论证事物发展的能力，了解事物的各种关系，比如因果关系、矛盾关系等。

第二步，增强预断力。预断力是对常规事物的简单推理，其主要体现为直接推理。在这个过程中，青少年的逻辑思维会在抽象与具象之间切换，他们思考问题的深度会随之提升。

第三步，逐渐完善逻辑推理能力。随着青少年的理解能力、预判力和直接推理能力的提升，父母可以通过提高训练难度的方式来帮助青少年逐步完善逻辑推理能力。

我不建议在提高孩子逻辑推理能力的训练强度时，进行一些侦探推理练习，我更希望父母以现实生活为基础，比如推理老师、朋友的性格，推理改善人际关系的方式等。

父母需要清楚，逻辑推理能力并非只出现在侦探小说当中，它在我们生活的各个场景都会出现，而且这种能力是孩子建筑思维的主要体现，更是孩子构建能力的核心。掌握了这种能力，青少年就可以沉着应对生活中的各种变化，而且解决问题的智慧、能力会得到大幅提升。

02 | 想会有方向，做才有结果

从社会构成的角度来分析，社会人群可以被划分为三类。第一类人是生活没有明确的目标，但懂得跟随社会发展来采取行动的人，这类人大多安贫乐道，享受平凡；第二类人是在生活中有明确的目标，且思维极其活跃，但很少付之于行动的人，这便是我们平时所说的空想家；第三类人是既有目标，又懂得将各种想法付之于实践的人，这就是社会的卓越人士。

我相信大多数父母都希望自己的孩子成为第三类人，这也是我创办胜者教育的初衷。不过在从事教育的过程中我遇到了一个重要的问题：某些父母帮孩子树立了明确的人生目标，也注重孩子的思维培养，却没有引导孩子实现思维与行动的同频，导致孩子成了第二类人。

鲁迅先生曾说过，伟大的事业同辛勤的劳动是成正比例的，有一分劳动就有一分收获，日积月累，从少到多，奇迹就会出现。青少年要想成长为社会强者，不但需要进行思维的强化，同时还需要用行动来作支撑。父母要培养孩子脚踏实地、不畏辛苦、不怕挫折的品质，并引导其在实际行动中获得提升。

来到胜者教育的孩子中，不乏一些缺乏行动的代表，究其原因主要有两个：一是父母工作繁忙，无法帮助、引导孩子进行日常规划；二是父母对孩子过于溺爱，怕孩子吃苦，什么都不让孩子做。

如果父母不能教育孩子学会对其人生负责，培养孩子养成"立即行动"的习惯，那么孩子永远无法成熟，一切教育也就无法获得成果。

我国哲学家王阳明曾说："夫学问思辨行，皆所以为学。未有学而不行者也。"其意思为读书、请教、思考、分辨都是为了学习，但没有什么学习是离开实践可以学好的。

王阳明的这种思想论证，正是其人生的感悟。他从小便是一个艺术思维、建筑思维突出的孩子，而且人生目标十分远大。为了达成人生目标，王阳明不仅发奋读书，还到边关闯荡，将自己的想法用于实践。在这个过程中，王阳明经常受挫，但也从中获得了诸多收获。最终，王阳明超越了学习的理学层面，成了明代心学集大成者，并创立了"阳明心学"。

王阳明还曾说："我辈致知，只是各随分限所及。今日良知见在如此，只随今日所知扩充到底。明日良知又有开悟，便从明日所知扩充到底。"其意思为任何学问的增加都是一点点积累而成的，今天我们收获了一些感悟，明天又得到了一些观点，在循序渐进的过程中，学问便可以逐渐增长。

青少年的思维培养也遵循这一原则。尤其是青少年的建筑思维的培养，便如同构建高楼大厦一般，需要打好基础才能够更加牢固。

　　不少青少年在成长过程中容易产生急功近利的情绪，敢想敢做的心态固然值得称赞，可过于急迫反而可能会因为考虑不周全导致失败，甚至因经历过多的失败而自暴自弃。所以，我也经常劝告各位父母纠正孩子急功近利的心态，而是让孩子通过循序渐进的方式解决各种问题。

　　我曾遇到一对脾气暴躁的母子，在我面前两人都无法停止争吵。与这个孩子见面的当天，我与其进行了一次简单的沟通，可一旦涉及情绪问题，孩子便表现得十分反感，甚至把手机摔在了我面前。

　　第二天，我再次找到这个孩子聊天，期间孩子虽然回避了自己脾气暴躁的原因，却也没有再发脾气。

　　第三天，在沟通过程中，孩子终于不再回避坏脾气的问题，他表示自己非常清楚自身的性格缺点，也尝试过用各种方法去纠正，甚至自己主动提出请心理医生辅导，但一点效果都没有，所以他认定自己无法改掉坏脾气。

　　我随后问道："你为什么觉得没有效果呢？"

　　孩子回答："我试过各种控制情绪的方法，甚至想过吃一些镇定药，但每次不到一周肯定会前功尽弃。"

　　我说道："这三天你做得很好啊，难道你看不到自己的进步吗？第一天你在我面前摔了手机，第二天你只是表现出了厌恶，而今天却主动和我聊起了这一话题，这证明你有足够的能力控制自己的情绪。"

　　我经常与各位父母分享这个故事，通过这个故事我向所有人传达了一个观点，那就是：孩子的努力会因急功近利的心态而无法取得成效，如果父母能及时纠正引导孩子学会循序渐进，则孩子的努力反而更容易取得成效。

03 | 不要做只会
线性思考的人

　　线性思维是一种直线的、单向的、单维的、缺乏变化的思维模式。父母与孩子都不该做只会线性思考的人，因为人类思维最大的财富恰恰来源于非线性的突破。正如爱默生所说："我宁愿生活在一个充满谜团的世界中，也不愿生活在一个我的脑子能理解的小世界里。"

　　线性思维对孩子造成的不利影响主要表现为让孩子思维固化，比如孩子听到英文问候"How are you"时，脑海里只会想到"I am fine，thank you，and you"，却没有想过"How are you"的回答方式有"All the better for seeing you""Good，thanks"等多种，而"I am fine，thank you，and you"只是书面用语，很少用于实际生活中。

　　父母的线性思维教育很容易让孩子的思维定型，使孩子的思考缺乏全面性、发散性。父母在教育孩子的过程中要让孩子明白一个道理，事物的发展会遵循因果关系，但同时也是多变的。建筑思维不是在单一方向上进行的堆砌，而是由多条线有序交错组成的建筑模型。

比如，历史书中记载汉武帝好战，多次带兵征讨匈奴。如果我们按照线性思维进行思考，则会认为汉武帝是因个人性格原因才屡次发动战争的。但如果我们按照建筑思维来思考，则会发现事情的真相。我们按照因果分析法进行推理，可以得知汉武帝对匈奴用兵不外乎两个原因：一是保护自己的国土资源不被侵犯，二是掠夺匈奴的土地资源。而匈奴作为游牧民族，固有的土地资源非常有限，所以我们可以得出汉武帝对匈奴用兵更多还是为了国家的安定发展。

按照这种思路查阅史书资料后我们可以发现，汉武帝在位期间国家发展迅速，人口快速膨胀，社会已经出现了资源压力，而匈奴屡次侵犯汉朝国土，并掠夺边境百姓，所以汉武帝才先后发动了河南之战、河西之战、漠北之战，令"匈奴远遁，漠南无王庭"。

这就是线性思维与建筑思维的差别。我们要让孩子明白，这个世界是多彩多姿的，即一种结果存在多种成因，单独的因素也可以产生多种结果。如果青少年只懂得用线性思维进行思考，则个人眼界将变得十分狭隘，不利于培养自身解决问题的能力。

父母可以记住美国知名演员桑迪·凯瑞的一句名言："永远不要将知识误认为智慧。知识只可以帮助你谋生，而智慧却可以帮助你改造世界。"线性思维可以让孩子学习到知识，而建筑思维则可以让孩子获得卓越人士才具备的智慧。

第 ⑮ 章

辩证思维：
在
关系中
思考问题

"你怎么对待世界，世界便怎么对待你。"对于青少年而言，这不是一句哲学思考，而是实实在在的成长思维。用辩证的思维看待世界，你就可以发现隐藏的美好；用辩证的思维看待未来，你就可以收获意想不到的精彩。

01 | 人生，
就在一呼一吸之间

　　艺术思维可以拓宽青少年的成长空间，建筑思维可以提升青少年的个人能力与成长速度，而辩证思维则决定着孩子的敏锐度与分辨力，可以帮助孩子从平凡中脱颖而出，获得与众不同的人生。

　　很多孩子在父母的培养下知书达礼、成绩优异，但进入社会后却毫无主见、随波逐流，这是缺乏辩证思维的典型表现。

　　缺乏辩证思维的青少年或许可以轻松、高效地解决很多问题，但看待问题时往往没有自己的观点。

　　父母都明白，世界上没有绝对的是非，也没有绝对的黑白，因为立场不同、目的不同，所以每个人表达的观点也不同。辩证思维可以确保青少年不被他人利用，不被趋势误导，不被磨难击垮，不被挫折打败，并时刻保持清醒的状态。

　　《一呼一吸》是2017年在美国上映的一部电影，这部电影由真人真事改编，讲述了罗宾在人生最美好的年纪患上了小儿麻痹症，短短几周内一个生龙活虎的小伙子就变成了脖子以下全部瘫痪，甚至丧失了说话能力的"废人"。当所有人都认为罗宾的一生就要草草结束时，罗宾的妻子黛安娜却站了出来，她拒绝向周围的一切负能量低头，她认为这一切只不过是上帝对她的考验，只要自己足够坚强，上帝会归还自己生活的美好。

尽管医生一再强调罗宾只剩 3 个月的寿命，黛安娜却鼓励罗宾离开医院回归生活。在牛津大学教授特迪的帮助下，罗宾依靠一台可以移动的呼吸机和黛安娜一起来到了美国乡村。在安静平和的乡村中，罗宾沐浴着灿烂的阳光重新找回了生命的希望。夫妻二人变得更加积极，甚至还进行了一次出国旅游，最终罗宾和黛安娜幸福地生活了几十年。

这就是辩证思维下人生结果的不同。如果当初黛安娜把罗宾遭受的磨难视为其人生的结果，罗宾的一生便止步于此；当黛安娜把这次灾难视为人生挑战时，两人却在相互扶持、相互鼓励中收获了几十年的幸福。青少年的成长恰恰需要这种辩证思维的帮助。人生、成长、收获很多时候就在一呼一吸之间，用辩证思维看待事物，结果往往差异巨大。正如法国著名作家大仲马所说："烦恼与欢喜，成功与失败，仅系于一念之间。"

美国心理学家埃利斯曾做过一个著名的实验。埃利斯问了朋友这样一个问题："如果你去咖啡馆时把一件礼物放在旁边的座位上，这时一个陌生人不小心坐了上去，把礼物坐坏了，你会怎么想？"

朋友回答："我一定会非常生气。"

　　埃利斯又问道："如果这个陌生人是盲人呢？"

　　朋友回答："那我当然会原谅他。"随后朋友又想了想说道："我会感觉抱歉，并庆幸礼物不是尖锐的物品，不然伤害到这个盲人就坏了。"

　　埃利斯说道："对待同一件事，你却因正常人、盲人的区别产生了三种不同的心态，这就是思维模式不同的结果。"

　　根据这个实验，埃利斯提出了著名的 ABC 理论。A 代表 activatingevent，表示经历的事件；B 代表 belief，表示人的信念与想法；C 代表 consequence，表示事件的结果、后果。面对相同的 A，如果 B 不同，则 C 也会发生变化，这代表人类的情绪、信念、心态决定了人类的认知。而辩证思维正是引导青少年及时转变心态、情绪、信念的关键思维。

　　古罗马哲学家爱比克泰德曾说过："人不是被事情本身所困扰，而是被其对事情的看法所困扰。"在成长过程中，青少年经常会被错误的看法、情绪、心态影响，父母与孩子都应该学会用辩证思维来看待问题。

　　中国有一句名言："吃得苦中苦，方为人上人。"很多父母认为，孩子必须不断努力，拼命追寻，长大后才能够使事业、家庭双双稳定，人生才够精彩。在这想法的推动下，孩子万分辛苦，而父母却认为孩子的成长本该如此。

　　付出与收获成正比的观点本身没有错误，可从辩证思维的角度来思考，吃苦与成功并非因果关系，吃过苦也不一定可以成功。所以，不能因为追求成功而强迫孩子吃苦。

女歌手邓紫棋 13 岁便创作了《睡公主》，被众人称为当代乐坛的小才女。然而她有段时间因为身材微胖而遭到了无数嘲笑，一时间陷入了自卑情绪当中。可有一天邓紫棋看到了电影《超大号美人》中的蕾妮，彻底改变了自己的想法。邓紫棋认识到胖并不会阻碍自己的发展，自信才是成长的关键。就这样大胆、自信的邓紫棋在各大舞台开始自己的表演，年纪轻轻便斩获了诸多音乐大奖。

青少年的成长很容易在一呼一吸间发生改变，辩证思维可以帮助父母正确看待孩子，更可以帮助青少年看清成长的起起伏伏。

02 | 接纳两种截然不同的观点 是一种成熟

　　"成熟"是大多数父母教育孩子的目标之一，可成熟没有具体的衡量标准，每个人对成熟的理解也不同。在我看来，在代表孩子成熟的众多特征中，接纳截然不同的观点便是一种思维成熟的表现。

　　在青少年成长的过程中，父母可以尝试多引导孩子学会对不同观点进行深度思考，不要急于说"不"。比如当孩子发现事情的结果与自己期望的结果不同时，不要急于表现出不认可的态度，而是认真观察、思考导致这一结果的成因，反思自己的观点是否有错误。在这个过程中，孩子可以学会接纳，认识到事物发展的种种不同，对是非、对错的分辨力也会随之增强。

　　例如，我曾见到两位同学对蟑螂的大小问题展开了激烈的争论，一位南方同学形容蟑螂大小如同拇指一般，而北方的一位同学则称对方吹牛，蟑螂最大不会超过1厘米。于是两人从争论升级到了争吵。

　　事实上，两人的观点都正确，只不过地域差异导致了误会的出现。北方蟑螂多为德国小蠊，其成熟期的体长不过1厘米左右；而南方蟑螂多为黑胸大蠊，3 厘米长的黑胸大蠊在南方十分常见。正是因为认知不同，两人的争吵才愈演愈烈，因为两人都坚信自己的观点正确，所以认定对方的观点一定是错误的。

事情并非一定有对错之分，如果青少年可以学会接纳他人的不同观点，并及时思考求证，则可以拓宽自己的眼界与心胸。

在现实生活中，人与人之间不仅观点存在差异，生活背景、生活方式都存在各种不同，一些青少年面对这些差异时会产生消极的情绪，这是不成熟的表现。比如一个家境贫寒的孩子从小积极努力，心态也积极向上，但随着年龄的增长这个孩子发现自己与同学之间存在诸多不同。他发现自己生活得远比身边的人辛苦，未来想要达到相同的生活水平，自己需要付出更多努力。于是这个孩子便开始抱怨自己的人生，抱怨家庭，甚至抱怨父母，逐渐忽视了父母的关爱与付出，陷入一种不肯接受现实的消极态度当中。

每个人的人生都存在差异，这本就是生命最大的特色。父母在青少年成长的过程中应当告诫他们，生活不会因为个人想法而改变，只会因个人行动而转变。父母要懂得让孩子学会全面看待人生，以辩证思维接纳自己的缺点、不幸，学会积极面对。

辩证思维相比艺术思维、建筑思维更容易在青少年的生活中有所体现，因为成长必然伴随着犯错，对待错误的态度可以体现出孩子的辩证思维。我发现很多青少年面对缺点、错误的态度是遮掩，这无形中消磨了孩子的自信心。缺点不是自己的人生缺口，反而是生命完整的证明。用辩证思维思考，成长是将自己的优点发扬光大，而不是努力遮掩自己的缺点，正视自己的缺点才能够做出改变，青少年一旦习惯遮掩缺点与不足，则会变得虚荣，甚至陷入自卑的状态。

孔子说过："君子和而不同。"意思是君子与人交往中能够保持和谐友善的关系，但在看待问题的观点上不必苟同于对方。美国哲学家保罗·费耶阿本德也曾说过："知识需要真实，真实需要可能的真实，而可能的真实需要互不相容。"

由此可见，尊重差异、理解差异也是一种处世智慧，是青少年思维成熟的表现。父母与青少年都应该明白，每个人都是独立的个体，不要因自己的认知而反驳他人的独特，更不要因自己的独特而放弃与他人相处。当青少年懂得接纳人与人之间的不同，接受同一问题的不同观点时，恰恰证明他在成长，在变得成熟。

03 | 有自己观点和
见解的孩子才能成为卓越人士

青少年的成长应该是一个从迷惘到认清现实，再到实现愿望的过程。在这个过程中孩子会从不敢、不自信逐渐变得敢作敢当，并总结出自己的生活态度、生活观点，让自己具备生存、成功、走向卓越的能力。

纵观我国当代青少年的成长，我发现很多孩子养成了盲从的习惯，很多家庭都在教育孩子乖巧、听话。在习惯了服从、遵从之后，孩子自然就失去了自己的观点与看法，从而养成依赖、懦弱的性格。

我一直强调卓越人士一定是思维敏锐、观点明确的时代引领者，如果孩子缺乏自己的观点和见解，那么无论孩子能力多么突出，都无法成为卓越人士。所以，父母应该多引导孩子持有自己的观点与见解，让孩子的思维快速走向成熟。我搜集了各类青少年思维成长的文献资料，最终发现有很多研究都提到了青少年要想成为有自己的观点和见解的人，就要先从提高表达能力开始。父母应该尊重孩子，更应该支持孩子表达不同的观点。很多父母以"孩子小不懂事"为由，扼杀了孩子的主观想法，导致孩子无法形成健全的思考方式。所以我建议，父母要学会耐心倾听，减少指令下达。面对孩子表达的不同观点，甚至是错误观点时，父母要采用引导的方式转变孩子的思想。在这种教育方式下，孩子可以获得更多的鼓励与认可，也乐于纠正自己的错误观点。

我在培养孩子的过程中有过这样一段经历：胜者教育的学员在一场足球赛中发生了冲突，原因是 A 队的一名球员因情绪激动将足球恶意踢到看台上，并拒绝捡回足球。这名球员之所以情绪如此激动是因为 B 队一名球员屡次犯规，所以他用这种方式终止了比赛。

青少年在成长的过程中经常会碰到类似的情况。毫无过错的一方往往因不知如何表达，成了过错的承担者。面对这种情况，我轻声地对 A 队的这名球员说道："我可以理解你的想法是对方球员不好好踢，那大家就都不要踢。但你这种想法没有考虑到队友的感受，也没有考虑到是否能够解决问题。你采用这种方式表达不满的后果是让自己成了众矢之的，犯错者却逍遥法外。"

这名球员思考了片刻后跑到看台上找回了足球，然后理直气壮地站到 B 队犯规球员的面前说道："你不遵守规则，就请你离开球场，因为在场的其他人还想要继续踢球，你的犯规行为是对球场上所有球员的不尊重。"这时 B 队的其他球员全部选择了沉默，因为他们也认可对方的观点。

父母想要强化孩子的勇气与表达能力，就需要把孩子看作独立的个体，引导孩子对事物有正确的认知。

比如父母情绪低落时，孩子上前安慰："爸爸（妈妈），我觉得你心情不好，要不要我陪你聊聊天？"很多父母心情烦躁时会敷衍孩子，并回答"我没事，只是有点累而已"，这种善意的谎言的确可以为自己换回一时的安静，但无意中也会影响孩子看待事物的观点，这是父母未能正视孩子心智的表现。

我希望父母学会控制自己的情绪，给予孩子更多锻炼辩证思维的机会。

例如，上述情况中父母可以回答："爸爸（妈妈）今天心情不好是因为同事在做一项工作时犯了错误，而我接手后没有检查出这一错误，导致今天的一切努力全都白费了，而且受到了领导的批评。"

随后，父亲可以留意孩子看待问题的角度与观点，并根据孩子的表达进行修正或肯定。父母还应该鼓励孩子表达自己的见解，让孩子的语言能力得到锻炼。

例如："刚才我看到妈妈批评你时，你表现得非常不服气，你是不是有什么需要解释？现在可以告诉爸爸，如果妈妈误解了你，我们一起去要求她道歉。"

孩子的表达能力表现为把各种观点准确、清楚地表达出来。这不需要运用多么华丽的辞藻，但需要孩子把握住核心。

比如当我问孩子什么是同理心时，有孩子回答道："就是把我当成那个爱发火的妈妈。"我感觉孩子的表达虽然直白，但准确、生动，直达核心。

拥有自己的观点与见解是青少年成长为卓越人士的关键，我建议各位父母耐心地倾听孩子的表达，站在孩子的角度进行思考，通过正确的方式强化孩子的辩证思维，加速其成熟、独立，走向优秀。

04 | 孩子怎么看待世界，
世界就怎么对待他

2017 年，美国狮门影业出品的《奇迹男孩》刷爆全网，让无数观众流下了感动的泪水。电影中的主角奥吉是一个天生面部畸形的男孩，从小被囚禁在家中的他对外面的世界充满了渴望，却又因为自己的相貌怀有深深的恐惧。

奥吉 10 岁的时候，父母决定让他勇敢地面对世界，到公立学校去学习。这一决定改变了奥吉的一生。奥吉刚进入学校时，他的遭遇可想而知，被嘲笑、排挤，甚至遭受欺凌。这一路荆棘让奥吉遍体鳞伤，奥吉也表现得越发自卑，并对上学充满了恐惧。在他看来上学已经成为一种折磨，而同学们也把奥吉当作了怪物。

然而奥吉的父母、姐姐却一直充当着他的坚实后盾，他们给予了奥吉巨大的支持与鼓励。片中奥吉自卑难过时曾躲在家里不肯出门，母亲来到奥吉面前说道："你不丑，奥吉。"奥吉回答："因为你是我的妈妈，所以你才这样说。"而母亲又说道："正是因为我是你的妈妈，所以你更要相信我的看法，因为全世界只有我最了解你。"

就这样，奥吉再次走出了家门，并开始鼓足勇气对待这个世界，用自己的善良对待他人。同学们逐渐被奥吉的行为感动，奥吉也收获了同学们的认可与尊重，更收获了友谊与赞扬，奥吉的生活也开始变得丰富多彩。

很多人说是奥吉的父母与姐姐让奥吉获得了新生，但我认为是奥吉拯救了自己，在他勇敢地迈出家门的那一刻，他的命运就已经发生了改变。

在成长的过程中不幸也许会不期而至，关键在于如何看待不幸，如果父母能够教会孩子正确地对待生活，不幸也会促进孩子的成长。很多父母没有意识到调整孩子处世心态的重要性，因为这些父母认为孩子在自己的呵护中成长，父母会为其抵挡外来伤害。我完全不认同这种教育观念，因为父母的过度保护反而会弱化孩子的处世能力。

我看到过很多因学习不努力而高考失败的青少年，却没有想到一扇窗也会导致高考失利。这是胜者教育一位学员的亲身经历。一个女孩十年寒窗苦读，成绩一直保持年级前列，成长过程一帆风顺的她却在高考当天因为一扇窗，让自己的人生遭遇了一次重大挫折。

高考当天，这个女孩在参加数学考试时坐在了一个靠窗的位置。北方的6月天气炎热，能够坐在通风的靠窗位置本是一件幸事，但女孩的心态却受到了严重影响。

原来考场里的其他窗户都可以打开，唯独她旁边的这扇窗户无法打开。女孩努力了许久，直到预备铃声响起，这扇窗户依然打不开。

全身是汗的女孩开始变得焦躁，她认为这是一个不幸的暗示。在打开数学试卷后，女孩看到第一道题居然是自己最不擅长的题型，她彻底陷入了焦虑中。高考成绩公布后，女孩的成绩比正常水平低了 100 多分。经历了这次事故后，女孩的情绪产生了较大波动，甚至出现了自闭倾向。

我非常同情孩子的经历，但我更清楚解决这一问题还需要依靠她自己。

我对女孩说道："这次经历不是上天强加给你的灾难，而是上天赋予你的一次机遇，你没有把握好而已。"女孩不禁询问，"你为什么这样认为？"

我回答："其实上天只是想让你高考时拥有一个安静的环境，不被外界打扰，但你误解了上天的意思，所以错失了一次机遇。"

女孩听后沉思了一段时间，忍不住哭出声来。我安慰道："孩子，你放心，上天为你关上一扇窗时，一定会为你打开一扇门，你现在需要做的就是找到这扇门。"

就这样，这个女孩重新打开了心扉，并于第二年被美国加利福尼亚大学录取。看待世界的思维不同，青少年感受到的世界就会不同。当青少年学会多角度看待世界时，他的人生便有了更多的选择。

当青少年连续遭遇挫折时，父母可以尝试用辩证思维开导孩子，引导孩子正视自己的失败。这种教育方式远比批评、惩罚、责怪更能激励孩子前进，也能让孩子认清自己的问题。

每个孩子都应该拥有美好的人生

父母普遍认为，今天的孩子无疑是幸福的，因为和以前相比，现在的生活条件、学习条件都发生了质的飞跃，孩子无须为生存担忧，无须为生活而苦恼；但孩子普遍认为，成长是辛苦的，因为父母对自己的要求越来越多。

深耕青少年教育领域十余年，我看到更多的是父母的急功近利，是父母"走得太急"而背弃教育初衷的行为，所以我更同情青少年成长的辛苦。在现实生活中，面对激烈的竞争，面对父母高举的分数指挥棒，孩子的健康成长显得微不足道。

我一直在努力改变家庭教育的现状，为我国青少年探索成长的大道，这也是我创立胜者教育的初衷。我希望每个青少年都可以展现自己的特质，都可以在自己擅长的领域快乐成长。

我国教育家叶圣陶曾说："教育是农业，不是工业。"工业产品没有生命，是完全按照设计图纸加工制作出来的，成品差异不大、功能相似；但农业产品却是有机生命体，每一株植物都有其独有的生长规律，在不同地域、不同阶段需要不同的培育方法。我看到的是父母用工业方法设计农作物的生长，揠苗助长、填鸭等教育方式让孩子的人生失去了本色。

教育的最终目的不是传授已有的东西，而是要把人的创造力激发出来。唯有注重孩子的特性，才能够让孩子成长到应有的高度。

最后，我希望各位父母懂得自省，勿因自己的虚荣和焦虑忽视了孩子的独特性与唯一性，勿因外界的不良习气而忘记教育的初衷。正确地看待孩子的成长，永葆教育的初心，父母才能让孩子拥有美好的人生。